진짜 진짜 축구 잘하고 싶은

축구 잘하는 비밀 50가지

지은이_ 길하비
조나단 셰이크밀러 외

번역_ 이성빈

북즈핌어린이

시작하기 전에

'축구'는 전 세계 어린이 친구들이 가장 좋아하는 스포츠 가운데 하나예요. 동그란 공 하나만 있으면 언제 어디서든 친구들과 함께 재밌게 놀 수 있으니까요.
그런데 이렇게 공을 차고 신 나게 뛰어놀다 보면, 그냥 재밌게 노는 것 이상으로 축구를 잘하고 싶은 마음이 생겨나요. 세계의 유명한 축구선수들처럼 내 맘대로 공을 움직이면서 그라운드를 누비고 싶고, 수비수 여러 명을 따돌리고 멋지게 골도 넣고 싶어지지요.
하지만 생각대로 공을 다루기란 절대 쉬운 일이 아니에요. 축구 교실에 가서 열심히 배워도, 집에만 오면 '이렇게 하는 거였나? 어떻게 하는 거였더라?' 하고 헷갈려서 속상할 때가 많지요.

《축구 잘하는 50가지 비밀》은 이렇게 축구를 진짜 진짜 좋아하지만 뜻대로 되지 않아 속상한 친구들을 위해서 태어난 책이에요! 이 책의 이름처럼 축구 실력을 가장 빠르고 확실하게 키울 수 있는 비법들로 가득 차 있거든요.
"말도 안 돼. 축구를 어떻게 책으로 배워?" 하고 생각할 수도 있겠지만, 이 책은 다른 책들과 다른 특별한 축구 책이랍니다.

첫째! 축구를 처음 배울 때 가장 중요한 것은 탄탄한 기본기를 익히는 것이에요. 이 책은 드리블과 패스부터 골키핑까지, 가장 기본적이지만 강력한 축구 기술 50가지를 소개하고 있어요.

둘째! 어려울 것 같은 동작도 알기 쉬운 설명과 함께 사진과 일러스트로 정확한 동작을 보여주기 때문에, 훨씬 빠르게 이해할 수 있고 쉽게 따라할 수 있어요. 또 깜빡 잊어버려도 다시 책을 보고 따라 하면 되니까 문제없어요.

셋째! 그냥 따라 하기만 하면 재미가 없겠지요? 그래서 이 책은 쉬운 연습 방법과 다양한 축구 게임을 소개해 놓았어요. 특히 게임은 엄마, 아빠와 함께 해보세요. 축구를 더욱 좋아하고 즐기게 될 거예요.

그러니까 다른 친구들보다 훨씬 더 축구를 잘하고 싶고, 즐기고 싶다면 어서 빨리 이 책을 열어 보세요! 이 안에 있는 50가지 비법들만 모두 알게 된다면, 누구도 따라올 수 없는 최고의 축구 실력을 갖게 될 거예요!

차례

1장 볼 컨트롤(트래핑)

Ball control(Trapping)

2장 패싱과 슈팅

Passing + Shooting

3장
디펜딩
Defending

4장
데드볼 스킬
Dead ball skills

5장
골키핑
Goalkeeping

1장

볼 컨트롤(트래핑)

Ball control(Trapping)

01 퍼스트 터치

'퍼스트 터치'란 말 그대로 '공을 처음 터치(접촉)하는 것'을 말해요. 패스를 받을 때 이 첫 번째 볼터치가 좋지 않으면, 곧장 상대방에게 공을 뺏길 수도 있고 슈팅 찬스에서 슛을 못할 수도 있어요. 하지만 정확하게 성공하면 상대방을 속이는 페인팅 동작이나 패스, 드리블, 공격 전환, 슈팅 같은 다음 플레이로 바로 연결할 수 있답니다. 그래서 퍼스트 터치는 축구에서 가장 기본적이자 아주 중요한 기술이에요.

그런데
빠른 속도로 움직이는 공을
마음대로 다루기는 꽤 어려워요.
굴러오거나 날아오는 공에 그냥
발을 갖다 대면, 벽에 부딪힌 것처럼
툭 튕겨 나가버리거든요. 그래서
사진처럼 발로 공을 '쿠셔닝'
하면서 받아야 해요.

쿠셔닝 연습

'쿠셔닝' 한다는 것은 마치 폭신한 쿠션으로 공을 받듯이 움직이는 공의 속도를 줄여서 안전하게 받는 것을 말해요.

1. 공이 다가오면, 먼저 발을 공이 오는 길에 놓아서 받을 준비를 해요.

2. 공이 발에 닿을 때쯤이 되면, 발에 힘을 풀고 공이 움직이는 방향 그대로 살짝 뒤로 빼면서 받아요.

3. 그러면 자연스럽게 공의 속도와 충격이 줄어들어서, 폭신한 쿠션으로 공을 받는 것처럼 안전하게 받게 돼요.

POINT

경기 중에 공이 나한테 저절로 올 거라고 기대하면 안 돼요!
주변을 넓게 보면서 상대 선수들과 같은 팀 친구들의 위치를 파악하고, 공이 오는 길로 움직이도록 연습하세요.

02 발 컨트롤

좋은 '퍼스트 터치'는 한 번의 동작으로 공을 발 앞에 딱 놓을 수 있어요. 이때 발바닥이 아니라 발 안쪽(인사이드)을 사용하면, 패스나 슈팅 같은 다음 동작으로 연결하기가 좋아요.

공의 위치를 살피면서 공이 오는 길에 자리를 잡아요. 그리고 공을 받을 발의 반대쪽 발로 몸의 중심을 잡고 서요. 공이 다가오면 그림처럼 발 안쪽을 사용해서 공을 받아요. 이때 공의 속도를 줄이기 위해서, 받는 발과 다리에 힘을 빼고 공이 오는 방향 그대로 살짝 뒤로 움직이면서 받아야 해요.

발 컨트롤 연습

발 컨트롤 실력은 연습을 통해서 얼마든지 발달시킬 수 있어요.

1. 그림처럼 2개의 콘(표시물)을 2m 너비로 떨어트려 놓아요.
2. 콘으로 표시한 지점을 가운데에 두고, 친구와 5m 정도 떨어져서 마주보고 서요.
3. 콘 사이로 패스를 주고받는 연습을 해요. 공을 받으면 발로 이리저리 움직여 보고 왼쪽 오른쪽으로 방향도 바꿔본 다음 패스해요. 이렇게 발로 공을 많이 건드려 보아야 공을 다루는 실력이 좋아져요.
4. 콘 사이로 주고받는 패스가 익숙해지면, 움직이는 거리를 더 넓혀 보아요. 친구가 콘 바깥으로 공을 보내면 다시 콘 사이로 차거나 반대쪽 바깥으로 차는 등 앞뒤, 좌우로 넓게 움직이면서 패스 훈련을 해요.

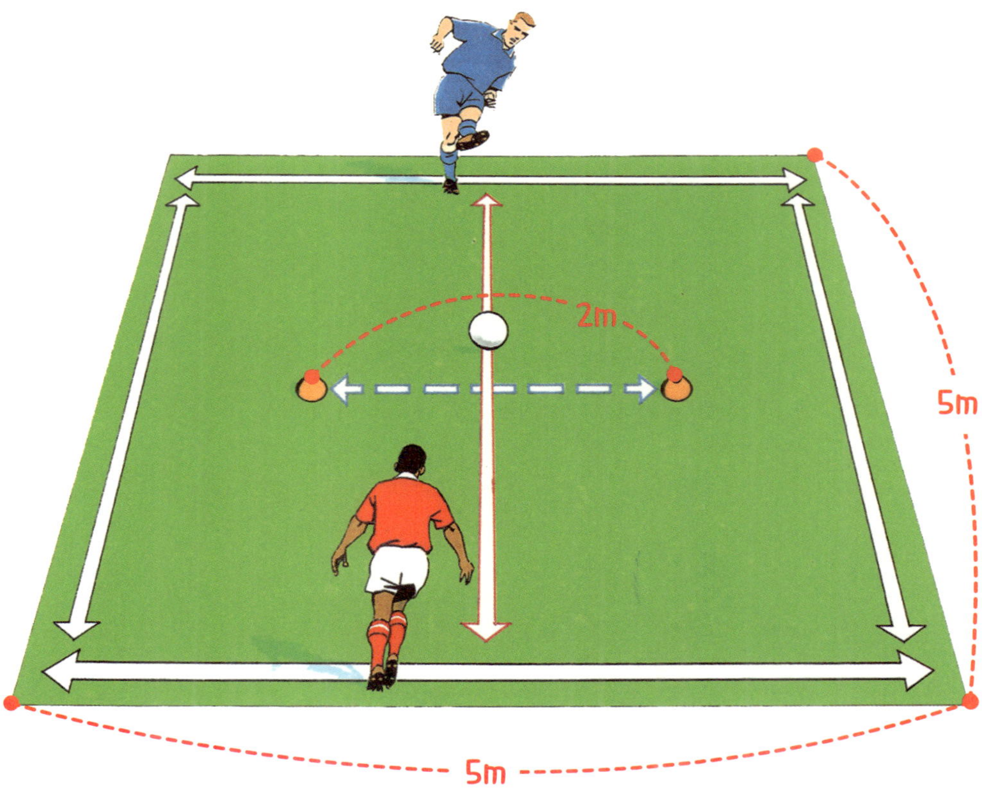

이렇게 해요!

- 좌우로 움직일 수 있는 공간은 5m 정도로 제한하는 것이 좋아요.
- 정면에서 주고받는 패스, 사이드에서 보내는 패스, 길이가 길고 짧은 패스 등 다양한 패스를 시도해 보아요. 단, 공은 낮게 차도록 해요.
- 혼자 할 때는 벽에 공을 차고, 튕겨 나오는 공을 이용해서 훈련하면 돼요.

03 저글링

발등이나 무릎, 머리 등으로 공을 땅에 떨어트리지 않고 계속해서 튕기는 기술을 '저글링'이라고 해요. 사실 경기 중에 저글링을 사용할 일은 별로 없어요. 하지만 저글링은 축구를 잘하기 위해서 꼭 필요한 빠른 반응속도와 정교한 공 컨트롤, 그리고 집중력을 발달시키는 데 큰 도움을 주는 기술이랍니다.

1. 저글링을 하려면 먼저 바닥에 있는 공을 튕겨 올려야 해요. 발을 공 위쪽에 가볍게 올려놓았다가 뒤쪽으로 쓱 빼면서 발바닥으로 공을 힘껏 굴려요. 공이 살짝 뜨면 재빨리 발등을 공 밑으로 넣어서 툭 튕겨 올려요.

2. 발등으로 공을 계속 튕기면서, 공이 땅에 떨어지지 않도록 연습해요. 공이 다른 방향으로 튕겨나가지 않도록 발등을 평평하게 펴야 해요.

3. 동작이 익숙해지면 양발을 번갈아가며 저글링을 하거나, 공을 튕기는 높이를 좀 더 높여 보아요. 또 무릎이나 어깨, 머리로도 저글링을 해 보아요.

저글링 게임

친구들과 함께 게임을 하면서 저글링을 연습해 보아요.

❶ 먼저 친구들 가운데 한 사람을 대표로 정해요. 그런 다음 모두들 가볍게 드리블을 하다가, 대표가 "시작!"이라고 외치면 공을 위로 툭 차올린 다음 저글링을 시작해요.

❷ 가장 마지막까지 공을 떨어트리지 않는 사람이 승리를 차지해요.

04 헤드 컨트롤

머리를 이용해서 공을 정확히 다루는 것은 매우 어려운 일이에요. 하지만 헤딩 기술에 능숙해지면 다른 친구들보다 높은 위치에서 공을 차지할 수 있고, 공중에 뜬 공을 바로 패스나 슈팅으로 완벽하게 연결할 수 있기 때문에 꼭 열심히 연습해두어야 하는 기술이랍니다.

공이 눈앞으로 날아오면 깜짝 놀랄 수밖에 없어요. 하지만 그래도 고개를 돌리거나 눈을 감지 말고, 공을 이마 가운데로 정확히 받을 수 있도록 집중해 보세요.

공에서 눈을 떼지 않고 끝까지 보는 것이 중요해요. 머리 윗부분(정수리)이 아니라 이마를 사용해서 공을 받아야 해요.

헤드 컨트롤 연습

친구와 짝을 지어서 연습해요. 처음 연습할 때는 머리와 목에 충격이 덜 가도록 딱딱하지 않은 공으로 시작하는 것이 좋아요.

기본 연습 1

친구가 두 손으로 공을 잡아주면, 그 앞에서 헤딩을 하는 것처럼 공에 이마를 정확히 갖다 대는 연습을 해요.

기본 연습 2

1. 친구가 조금 떨어진 곳에서 공을 머리 위로 살짝 던져줘요.
2. 눈으로 공을 보면서, 쿠셔닝을 위해서 몸에 힘을 빼고 무릎을 굽혀요. 머리는 살짝 뒤로 젖혀요.
3. 이마로 공을 정확하게 받은 다음, 머리를 부드럽게 앞으로 밀어서 발과 가까운 곳에 떨어트려요.

실전 연습

친구와 4m 정도 떨어져서 마주 봐요. 친구가 머리 위로 공을 던져주면 **기본 연습 2**처럼 공을 이마로 받아서 발 앞에 떨어트린 다음, 친구에게 다시 패스해요.

05 가슴 컨트롤

가슴은 우리 몸에서 가장 넓은 부분인 만큼, 날아오는 공을 받기에 가장 좋아요. 그런데 가슴으로 컨트롤을 하다가 손이나 팔이 공에 닿으면 '핸드볼 파울'에 걸리기 때문에 주의해야 해요. 공을 끝까지 보고, 가슴의 한가운데 부분으로 받도록 연습하세요.

① 공이 가까이 오면 양발을 앞뒤로 벌리고 무릎을 약간 굽혀서 편안하게 서요. 그리고 공에 팔이 닿지 않도록 양팔을 벌리고, 어깨를 뒤로 젖혀서 가슴을 넓게 열어요.

② 공이 가슴에 닿는 순간, 공이 튕겨나가지 않도록 가슴을 뒤로 살짝 눕히면서 공의 힘을 줄여요.

③ 곧바로 뒤로 젖혔던 어깨를 앞으로 당기면서, 가슴을 움푹하게 만들어서 공을 발 앞에 떨어트려요.

가슴 컨트롤 연습

친구와 짝을 지어서 연습해요. 친구가 스로인을 할 때처럼 공을 던져주면, 그 공을 가슴으로 받아서 발 앞에 떨어트리고 다시 친구에게 패스를 해요.

이렇게 해요!

- 공의 각도와 높이를 다양하게 바꿔서 연습해 보세요.
- 공을 던져주는 길이를 다양하게 바꿔서, 공을 받기 가장 좋은 장소로 달려가서 받는 연습도 해 보아요.

06 등지기

'등지기'는 상대팀 선수로부터 공을 지키기 위한 방법 중 하나예요. 방패처럼 등으로 상대선수를 막아서 공을 지켜내는 기술이지요. 다른 말로 '스크린'이라고 부르기도 한답니다.

이렇게 하면 상대 선수는 뒤에서 공을 억지로 뺏으려다가 파울을 할 수도 있기 때문에, 적극적으로 공격할 수 없게 돼요.

공을 가지고 있을 때 상대 선수가 공을 뺏으려고 달려들면, 재빨리 뒤로 돌아서 등으로 상대방을 막아내요. 그리고 발에서 공이 멀리 떨어지지 않도록 컨트롤해요.

드리블하면서 등지기

달리면서 드리블을 할 때는 항상 고개를 들고 상대팀 선수들의 위치를 살펴야 해요. 그래야 상대팀 선수들이 갑자기 달려들 때, 재빨리 상대를 등지고 공을 지켜낼 수 있거든요.

드리블을 하면서 언제든 상대 선수의 움직임에 맞춰 몸을 돌릴 수 있어야 해요.

예를 들어서 상대 선수가 오른쪽에서 접근하면, 재빨리 몸을 오른쪽으로 움직여서 공이 왼쪽 옆으로 오게 하는 거예요.

07 드리블

축구를 할 때 가장 신 나는 일 중 하나는 마치 세계의 유명한 축구선수들처럼 공을 매끄럽게 드리블하면서 푸른 그라운드 위를 마음껏 달리는 거예요. 그러기 위해서는 공을 놓치지 않고 몰 수 있도록 드리블의 기본 기술을 확실히 익혀두어야 해요.

공을 드리블할 때 처음 몇 번은 발등으로 공을 '툭, 툭' 차는데, 이때 너무 멀리 차지 않도록 조심해요.

발 바깥쪽으로 드리블하면 달리는 속도를 더 높일 수 있어요. 하지만 공이 옆으로 너무 벗어나지 않도록 주의해야 해요.

반대로 발 안쪽을 사용하면 좀 더 편하게 드리블할 수 있어요. 이때 공이 발밑으로 들어오지 않게 주의하세요.

드리블 연습

드리블을 잘하려면 무엇보다 유연성과 균형감각을 키워야 해요. 이 감각들을 발전시키려면 다음과 같은 코스를 돌면서 드리블을 연습하는 것이 좋아요.

1. 먼저 10개의 콘을 4m 간격으로 떨어트려서 지그재그(VVV)로 놓아요.
2. 처음에는 지그재그 선을 따라서 드리블을 하다가, 익숙해지면 콘을 끼고 재빨리 돌거나 콘 사이사이를 이리저리 빠져나가면서 드리블을 해요. 이때 공이 발에서 떨어지지 않도록 조심하고, 가능한 콘에 가까이 붙어서 드리블해요.
3. 또 마치 실제 경기에서 상대팀 선수를 견제하는 것처럼 최대한 몸을 납작하게 숙이고 드리블하거나 갑자기 방향을 바꾸는 연습도 해 보아요.

발끝으로 가볍게 달리면,
빠르게 방향 전환을 할 수 있어요.

POINT

경기 중에는 다른 선수의 움직임을 파악하는 것이 매우 중요해요.
그러니까 드리블을 하는 동안에도 주위를 살펴보는 연습이 필요하답니다.

08 페인팅

페인팅은 드리블하는 동안 몸의 움직임을 이용해서 상대를 속이는 기술을 말해요. 가장 대표적이면서도 간단한 페인팅 기술은 '바디 페인팅'이에요. 오른쪽으로 움직이는 척하다가 갑자기 왼쪽으로 방향을 바꿔서 상대방의 균형을 무너트리는 동작이지요. 아래 사진을 보면 쉽게 알 수 있어요.

❶ 선수 A가 드리블을 하고 있는데, 선수 B가 공을 뺐으려고 다가오고 있어요.

❷ A는 오른쪽 어깨를 내려서, B에게 자신이 오른쪽으로 빠져나갈 거라고 생각하게 만들어요.

❸ B가 A를 막기 위해서 움직일 때, A는 반대쪽인 왼쪽으로 방향을 바꿔서 B를 제치고 빠져나가요.

페인팅 연습

좋은 수비수는 상대의 움직임 대신 공을 보아요. 지금부터 소개하는 방법은 공을 보고 상대의 움직임을 예측하는 선수들을 속일 때도 아주 유용한 방법들이랍니다.

1 어깨를 과장되게 내리고 몸을 틀어서 상대를 속여요.

2 상대가 균형을 잃었을 때, 빨리 속도를 높여서 치고 나가요.

3 상대를 반드시 제칠 수 있다는 자신감을 가지고 페인팅을 해야 해요. 그렇지 않으면 상대를 속일 수 없어서 공을 뺏길 위험이 높아져요.

09 갑자기 멈추는 페인팅

경기 중에는 서로 공을 차지하기 위해서 치열한 전투가 벌어져요. 이때 갑자기 멈추는 페인팅을 사용해 보세요. 쉽게 상대방의 균형을 무너뜨려서, 상대를 가볍게 제칠 수 있을 거예요.

1 상대 선수가 따라오면 달리는 속도를 더 높여요. 그리고 상대 선수 역시 같이 속도를 높일 때, 갑자기 멈춰요.

2 상대 선수가 균형을 잃고 멈칫하는 사이, 공을 재빨리 뒤로 빼면서 방향을 바꿔요.

3 그리고 상대 선수의 옆이나 뒤쪽으로 빠져나가요.

스톱-스타트 게임

'갑자기 멈추는 페인팅'에서 가장 중요한 것은 '속도'를 조절하는 것이에요. 이번 게임은 이 속도 조절 능력을 발달시키는 데 도움을 줄 거예요.

❶ 먼저 콘 2개로 바닥에 20m 정도의 선을 표시해요. 한 선수가 선을 따라서 드리블하면 다른 선수는 그 뒤에서 쫓아가요.

❷ 쫓아가는 선수는 드리블하는 선수의 옆에서 달릴 수는 있지만, 앞서가면 안 돼요. 앞선 선수는 드리블을 하다가 갑자기 멈추는 페인트로 상대 선수를 따돌려 보아요.

❸ 갑자기 멈출 것처럼 하다가 다시 뛰어나가는 것만으로도 상대를 혼란스럽게 만들 수 있어요. 공을 빼앗기지 않도록 상대 선수에게서 먼 쪽으로 드리블해요.

10 터닝

‘터닝’은 공을 가진 상태에서 갑작스럽게 방향을 바꿔서 상대 수비수를 효과적으로 따돌리는 중요한 기술이에요. 여러 가지 터닝 기술 가운데 대표적인 2가지를 배워 보아요.

드래그 백

슛을 하는 것처럼 속인 다음, 공을 뒤로 빼서 상대 수비수를 제치는 기술을 ‘드래그 백’이라고 해요. 이 기술은 밀착해서 수비하고 있는 상대 선수를 따돌리기에 아주 좋은 기술이에요.

1. 공을 찰 것처럼 발을 뒤로 들었다가 공 위로 헛발질을 해요.

2. 그리고 발을 제자리로 돌리면서, 발바닥으로 공 윗부분을 밟고 뒤로 끌어 당겨요.

3. 동시에 중심을 잡고 서 있던 발을 축으로 삼아서, 몸을 원하는 방향으로 틀어요.

4. 그런 다음 재빨리 속도를 높여서 상대 선수를 제치고 달려 나가요.

크루이프 턴

크루이프 턴은 네덜란드의 전설적인 축구 선수인 요한 크루이프가 사용한 터닝 기술이에요. 수비수를 앞에 두고 패스나 크로스를 하려는 것처럼 공을 앞쪽으로 밀었다가, 수비수가 공을 따라 움직일 때 순간적으로 공을 반대 방향으로 돌려서 빠져나가는 기술이지요.

1. 상대 선수를 속이기 위해서 공을 세게 차는 척하거나 반대쪽으로 치고 나가는 척하면서 공을 앞으로 슬쩍 밀어요.
2. 재빨리 한쪽 발을 공 앞으로 뻗어서 공이 굴러가는 것을 세우고, 반대쪽으로 툭 밀면서 공을 따라 180도로 돌아요.
3. 재빨리 공을 쫓아가요.

POINT

끝까지 공의 움직임을 놓치지 않는 것이 중요해요.

11 발뒤꿈치를 사용하는 기술

사포

호날두, 네이마르의 화려한 개인기로 유명한 이 기술은 앞으로 달려가다가 공을 발뒤꿈치로 차올려서 상대 수비수의 키를 넘긴 다음 빠르게 돌파하는 고난이도 기술이에요. 빠른 판단력과 정교한 발 컨트롤이 매우 중요한 기술이지요. 이 기술은 굉장히 멋있게 보이지만, 공을 놓치기가 쉬워서 실제 경기에서는 사용하지 않는 것이 좋아요. 그러니까 재미 삼아 배워보고, 친구와 누가 더 높이 공을 넘기는지 게임을 해 보아요.

1 오른발을 공 앞에 대고, 왼발 끝을 이용해서 그림처럼 양발 사이에 공을 끼워요.

2 왼발로 오른발 뒤꿈치를 따라 공을 올리고, 공이 발뒤꿈치에 정확히 올라가면 오른발을 뒤로 힘껏 차올려서 공이 키를 훌쩍 넘어가게 해요.

3 앞으로 달려 나가는 방향으로 공이 정확히 떨어지도록 연습해 보아요.

힐 터치

힐 터치는 저글링을 할 때 사용하면 재미있는 기술이에요. 공중에 떠 있는 공 앞으로 이동해서 몸을 앞쪽으로 기울인 다음, 빠르게 뒤꿈치를 올려서 공을 받는 기술이거든요.

힐 터치에 성공하면 공이 다시
앞쪽으로 넘어오게 돼요.
그러면 재빨리 몸을 돌려서 발등이나
무릎으로 공을 받고
저글링을 해 보아요.

2장

패싱과 슈팅

Passing + Shooting

12 푸시 패스

발로 공을 밀쳐내듯이 짧고 낮게 차는 것을 '푸시 패스'라고 해요. 비교적 가까이 있는 친구에게 공을 전달할 때 사용하지만, 골대와 가까운 거리에서는 바로 슈팅으로 활용할 수도 있어요. 푸시 패스는 배우기도 쉽고 공을 정확하게 전달할 수 있는 패스 기술이니까, 확실하게 연습해서 경기 중에 사용해 보아요.

1. 공을 찰 발을 뒤로 빼서 거의 90도가 되도록 접어 올려요.

2. 반대쪽 발로 땅을 단단히 딛고, 차는 발의 안쪽(인사이드)으로 공 중심을 정확히 차요.

3. 끝까지 발을 앞으로 쭉 밀어요. 그림처럼 발이 위쪽을 향하면 공이 붕 뜨기 때문에, 발이 들리지 않게 주의해야 해요.

POINT

딛는 발의 방향에 따라 공이 나아가는 방향이 달라져요.
그래서 꼭 딛는 발의 방향과 공을 보내려는 방향이 같아야 해요.

푸시 패스 게임

친구와 함께 간단한 게임을 하면서 푸시 패스를 연습해요.

1. 2개의 콘을 60cm 간격으로 떨어트려 놓아요. 그리고 콘으로 표시한 선을 가운데에 두고, 친구와 1m씩 떨어져서 마주보고 서요.
2. 콘 사이로 패스를 주고받아요. 공이 붕 뜨거나 엉뚱한 곳으로 나가지 않고 상대에게 정확히 도착할 때마다 1점씩 점수를 얻어요.
3. 5번씩 패스를 주고받은 다음, 1m씩 뒤로 물러나서 거리를 더 벌려요. 그리고 다시 푸시 패스를 주고받아요.
4. 이렇게 둘 사이의 거리가 10m가 될 때까지 게임을 계속 해요. 10m 거리에서 5번씩 패스 주고받기를 마쳤을 때, 더 많은 점수를 얻은 사람이 승리하는 방식이에요.

13 월 패스

'월 패스'는 삼각 패스의 한 종류로, 공을 가진 선수가 상대팀 선수를 피하기 위해서 가까이 있는 같은 팀 선수에게 공을 패스하고 앞으로 달려 나가서 다시 공을 넘겨받는 것을 말해요. 마치 벽에 공을 찼다가 튕겨 나오는 공을 다시 받는 것처럼, 같은 팀 친구를 벽으로 활용하기 때문에 '월(wall, 벽) 패스'라고 부른답니다. 또 '원투(one two) 패스'라고도 하지요. 월 패스는 상대 진영으로 빠르게 공격해 들어가거나 상대팀 선수를 순간적으로 제쳐야 할 때 굉장히 유용해요.

사진 속 상황에서는 B가 벽 역할을 하고 있어요. B는 상대팀 선수인 C가 이 작전을 미리 눈치 채지 못하도록, A의 패스를 받기 직전에 자리를 잡아야 해요. 또 A가 C와 멀리 떨어지기 전에 다시 공을 패스해 주면 C가 곧장 A를 막으러 따라 갈 수 있기 때문에, A와 C의 움직임을 살피고 패스해요.

POINT

패스는 상대 선수가 막지 못하도록 빠르게 하면서도, 같은 팀 선수가 받기 쉽게 하는 것이 기본이에요.

월 패스 게임

친구들과 함께 게임을 하면서 월 패스를 연습해 보아요. 이번 게임은 10명의 친구가 5명씩 2팀으로 나뉘어서 대결할 거예요.

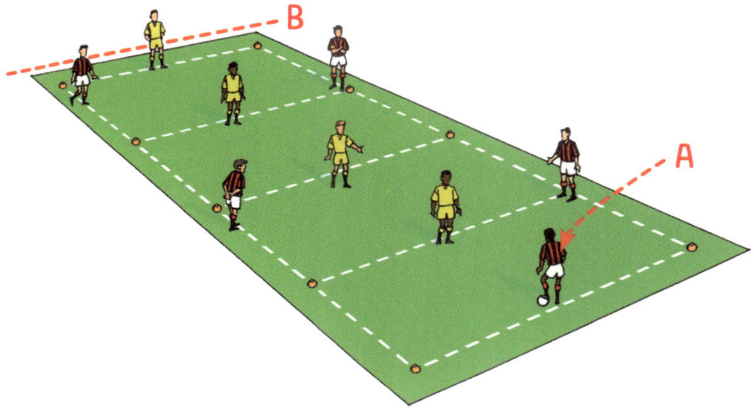

1. 콘으로 6×24m의 공간을 표시한 다음, 그림처럼 4개의 구역으로 똑같이 나눠요. 그런 다음 각 팀의 대표가 어느 팀이 먼저 공격할 것인지 정해요.
2. 공격과 수비가 정해지면, 그림과 똑같이 5명의 공격수와 4명의 수비수가 자리를 잡아요. (수비수 1명은 쉬어요.)

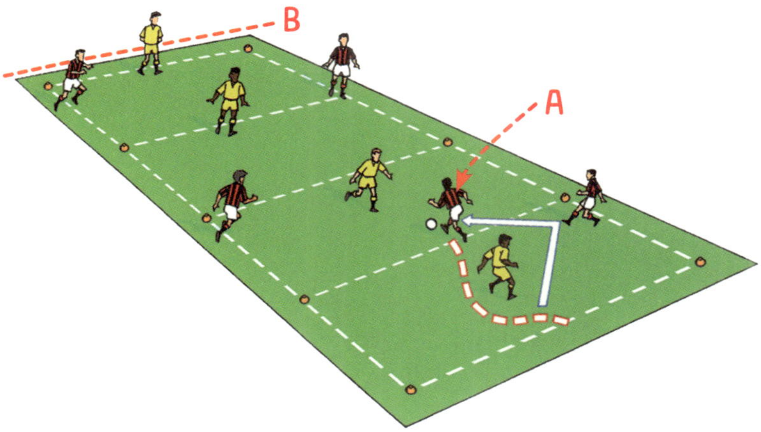

3. 공격수 가운데 제일 끝에 위치한 A는 드리블을 하거나 월 패스로 수비수를 따돌리면서, B라인까지 공을 뺏기지 않고 도착해야 해요.
4. A가 각 구역을 통과할 때마다 공격팀이 5점씩 얻게 되고, B라인에 무사히 도착하거나 중간에 공을 빼앗기면 게임은 끝이 나요.
5. 그러면 공격팀과 수비팀은 서로 역할을 바꿔서 다시 게임을 시작하고, 나중에 더 많은 점수를 얻은 팀이 승리하게 돼요.

이렇게 해요!

- 게임 공간은 스포츠 경기에 사용하는 스프레이나 콘, 아니면 가방이나 옷 등으로 표시하면 돼요.
- 공격팀은 선수 모두가 A 역할과 벽 역할을 골고루 맡을 수 있도록, 게임이 새로 시작될 때마다 선수들의 포지션을 바꿔주세요.

14 크로스

그라운드 측면을 돌파해서 공격을 시도할 때는 상대편 골문 앞에 있는 같은 팀 공격수가 슈팅 기회를 잡을 수 있도록 공을 길게 차올려야 해요. 이렇게 한쪽 사이드라인 가까이에서 그라운드를 가로질러 골문 근처로 보내는 긴 패스를 '크로스'라고 한답니다.

크로스를 하기 위해서는 발 안쪽을 사용해서 공의 아랫부분을 차야 해요. 공의 중심을 조금 비껴서 차면, 공에 회전이 걸리면서 원하는 곳으로 휘어서 들어가요.

그리고 공을 차는 다리는 몸의 반대 방향으로 끝까지 따라 나와야 해요.

인프런트(발등 안쪽 부분)를 이용해서 공의 아래쪽을 차야 공이 위로 떠올라요.

크로스 연습

먼저 그림처럼 2곳에 콘을 놓아서 표시를 해요. 그리고 선수 A가 패스를 하면, 선수 B는 측면으로 뛰어 들어가다가 그 패스를 받고, 2번째 지점(노란색 콘)에서 C에게 공을 크로스해요. 이렇게 한 세트가 끝나면, 다시 이 순서대로 반복해서 연습해요.

선수 세 명이 역할을 돌아가면서 맡으면 더 재미있게 연습할 수 있어요. A는 패스를 한 뒤 B가 처음 서 있던 위치로 뛰어가고, B는 크로스를 올린 뒤 C의 위치로 뛰어가요. 그리고 C는 B가 차올린 공을 받으면 첫 번째 지점(빨간색 콘)으로 뛰어가서 A에게 패스를 하면 돼요.

이렇게 해요!

- 공을 받아주는 C의 위치를 다양하게 바꿔서, 크로스 길이를 여러 가지로 연습해요.
- B가 공을 차올리는 지점을 골라인에 가깝게, 멀게 바꾸며 크로스를 연습해요.
- 크로스 정확도가 높아지면, B의 크로스를 방해하는 수비수를 두고 연습해 보아요.

15 인스텝 킥

축구화 끈이 매져 있는 '발등' 부분을 '인스텝'이라고 해요. 패스나 슈팅을 할 때 이 인스텝 부분으로 공을 차면, 상당히 멀리까지 공을 보낼 수 있답니다. 그런데 발등은 공이 닿는 넓이가 좁기 때문에, 내가 원하는 곳으로 정확하게 공을 보내기가 쉽지 않아요. 하지만 공의 중심을 정확히 찰 수 있게 되면, 성공할 확률이 확실히 높아져요.

① 딛는 발을 공의 바로 옆에 붙이고, 공을 차는 발은 뒤꿈치가 마치 엉덩이에 닿을 정도로 크게 휘둘러요.

② 그림처럼 발목을 쭉 펴고, 엄지발가락 위쪽 발등 부분으로 공의 중심을 힘껏 차요.

③ ②번 자세로 끝까지 쭉 뻗으면서 밀어 차야, 공이 낮고 정확하게 날아가게 돼요.

POINT

- 땅을 딛는 발의 방향과 공을 보내려는 방향이 반드시 같아야 해요.
- 공 중심을 정확하게 차기가 어려우면, 다리를 좀 더 천천히 내리다가 발이 공에 닿는 순간 힘껏 뻗으면 제대로 찰 수 있어요.

인스텝 킥 게임

친구들과 함께 패스 게임을 통해서 인스텝 킥을 연습해 보아요. 그림처럼 4명이서 하는 것이 가장 좋지만, 2명 이상만 모이면 몇 명이 되든 같이 할 수 있어요. 사람 수에 따라 삼각형, 사각형, 오각형 등으로 연습 공간의 모양을 바꿔서, 각 코너에 선수들이 위치하게 하세요.

1. 4개의 콘을 이용해서 가로세로 30m의 정사각형 연습장을 만들어요. 그리고 선수들은 코너마다 한 명씩 자리를 잡아요.

2. 공을 가진 A는 그림처럼 B가 달려가서 받아야 할 위치로 인스텝 패스를 해요. 그리고 원래 서 있던 자리로 돌아가지 않고, 그 자리에서 다음 패스를 기다려요.

3. B도 공을 받으면 A처럼 C가 달려가서 받아야 할 위치로 인스텝 패스를 하고, 그 자리에서 대기해요. 이런 식으로 A, B, C, D가 계속 돌면서 패스를 반복해요.

16 로프티드 킥

로프티드 킥은 인스텝 킥과 다르게 공을 높고 멀리 차는 것을 말해요. 인스텝 킥과 거의 비슷한 방법이지만, 공을 차는 부분이 다르답니다.

1. 약간 비스듬하게 다가선 다음, 공을 멀리 보내기 위해서 다리를 뒤로 휘둘렀다가 앞으로 쭉 뻗어요.

2. 공을 높이 띄우기 위해서 인스텝(발등) 부분으로 공 중심의 아랫부분을 차요.

3. 발이 끝까지 따라 나가야, 공에 제대로 힘이 실려서 멀리 뻗어나가게 돼요.

공 중심의 아랫부분을 차야 공이 위로 떠요.

로프티드 킥 게임

내가 원하는 곳에 공을 제대로 전달하려면, 강력하면서도 정확한 킥을 할 수 있어야 해요. 이 게임을 통해 킥 기술을 발전시켜 보아요.

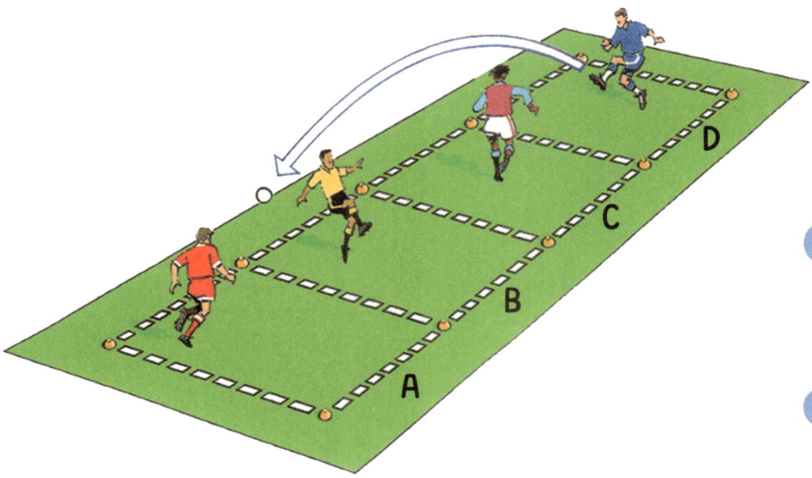

1. 먼저 바닥에 10×40m의 긴 직사각형을 표시한 다음, 그림처럼 4개의 구역으로 똑같이 나눠요. 그리고 4명의 선수가 각 구역마다 한 명씩 자리를 잡아요. 선수들은 자신의 구역 안에서만 움직일 수 있고, 밖으로는 나올 수 없어요.
2. 양 바깥쪽 칸에 있는 A와 D는 공격수가 되고, 안쪽 칸에 있는 B와 C는 수비수가 돼요.
3. 공격수들은 수비수들이 공을 뺏지 못하도록 로프티드 패스로 공을 높고 멀리 주고받아요.

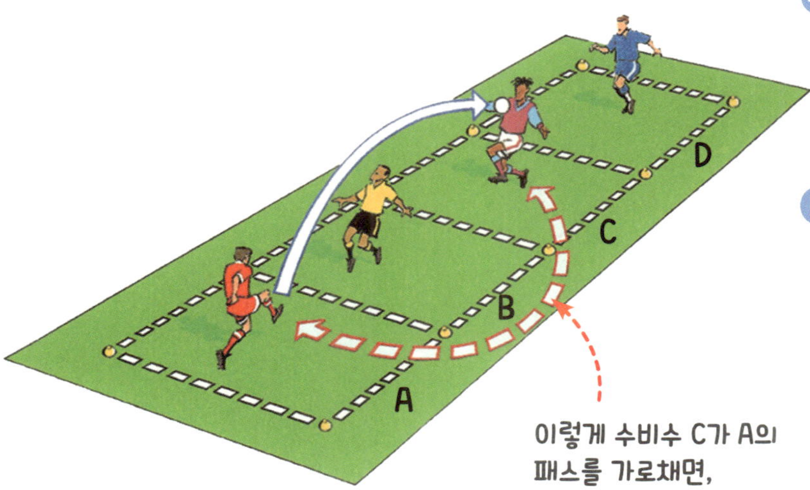

이렇게 수비수 C가 A의 패스를 가로채면, 서로 자리를 바꿔서 C가 공격수가 돼요.

4. 패스가 성공하면 공을 보낸 사람이 점수를 얻게 되고, 만약 공격수 A가 찬 공을 수비수 C가 중간에서 가로챘을 때는 둘의 자리가 서로 바뀌게 돼요.
5. 한 세트의 시간을 10~15분 정도로 정해 놓고, 시간이 지나면 이제 A와 D가 안쪽 수비수 구역에, B와 C가 바깥쪽 공격수 구역에 서서 다시 게임을 시작해요. 두 세트의 점수를 더해서 가장 많은 점수를 얻은 사람이 승리하는 게임이에요.

17 인사이드 감아차기

'감아차기'는 발을 이용해서 공의 방향이 휘어지게 차는 것을 말해요. 오른발로 차면 오른쪽으로 날아가다가 왼쪽으로 휘어져 들어오고, 왼발로 차면 왼쪽으로 날아가다가 오른쪽으로 휘어져 들어오게 되지요. 발 바깥쪽보다 안쪽이 공을 정확하게 다루기 좋기 때문에, 감아차기는 먼저 인사이드로 배우는 것이 좋아요.

땅을 딛는 발이
공을 차는 길에 있지 않도록,
공과 주먹 하나 정도
거리를 두고 고정시켜요.

1. 한쪽 발로 땅을 단단히 디뎌서 몸의 중심을 잡고, 공을 차는 발을 뒤로 들어요.

2. 눈으로 공을 보면서 발 안쪽으로 공의 아랫부분을 정확히 차요.

3. 공을 차는 순간 다리를 곧게 펴고, 원을 그리듯 끝까지 휘둘러요. 그러면 공에 회전이 걸려서, 공이 바깥쪽을 향해 날아가다가 다시 안쪽으로 휘어져 들어오게 돼요.

인사이드 감아차기 게임

친구들과 함께 게임을 하면서 인사이드 감아차기를 연습해 보아요.

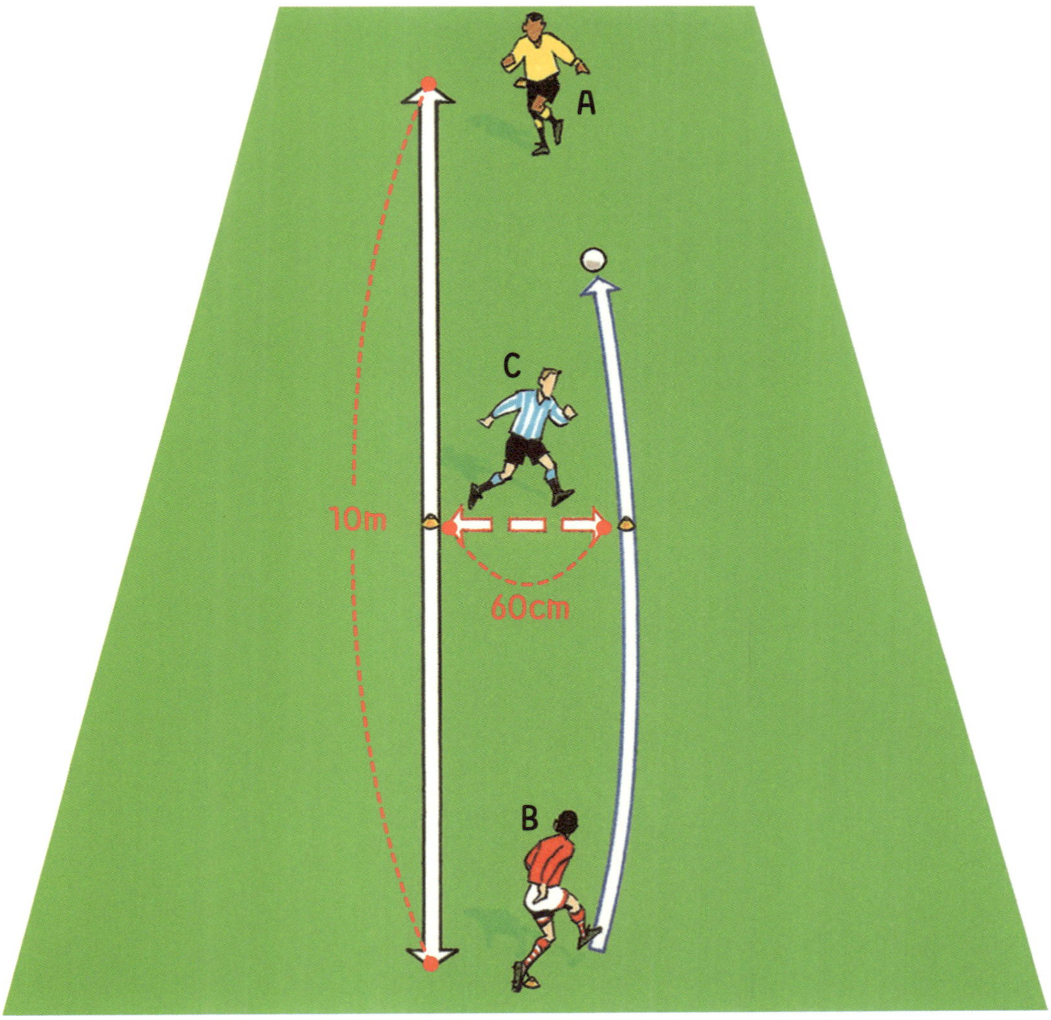

1. 그림처럼 2개의 콘을 60cm 간격으로 놓고, A와 B는 그 지점에서 5m씩 떨어진 곳에 자리를 잡아요.
2. C는 2개의 콘 사이에서만 움직일 수 있어요.
3. A와 B는 인사이드 감아차기로 패스를 주고받아요. 만약 C가 중간에서 공을 가로채면, 공을 찬 선수는 C와 자리를 바꿔야 해요. 이런 식으로 게임을 이어가면서 인사이드 감아차기를 연습해 보세요.

18 아웃사이드 감아차기

발의 바깥쪽 부분인 아웃사이드로도 공을 멋지게 감아찰 수 있어요. 아웃사이드로 감아차면 인사이드로 찰 때와는 반대 방향으로 공이 휘어져요.

1. 공을 차려고 다리를 들 때, 발끝이 살짝 땅을 디딘 발 쪽으로 향하게 해요.

2. 그림처럼 공 안쪽을 새끼 발가락 부분으로 밀듯이 차요.

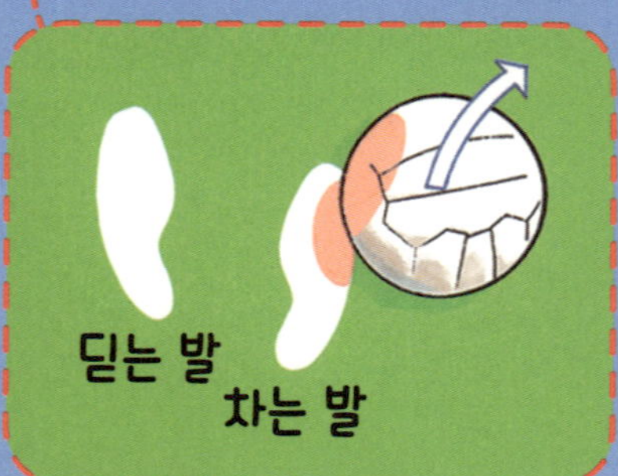

3. 공을 찰 때 발이 몸의 반대 쪽으로 충분히 따라 나가야 해요. 성공하면 공이 바깥쪽으로 휘어지듯 날아갈 거예요.

아웃사이드 감아차기 연습

친구와 패스를 주고받으면서 아웃사이드 감아차기를 연습해 보아요.

1. 친구와 15m 정도 떨어져서 마주 서요.
2. 공을 직선으로 몇 번 주고받은 다음, 아웃사이드 감아차기를 해요. 오른발잡이인 경우 공이 왼쪽에서 오른쪽으로 휘어지고, 왼발잡이인 경우 공이 오른쪽에서 왼쪽으로 휘어질 거예요.
3. 이때 공을 조금 더 높게 띄우고 싶다면, 로프티드 킥처럼 발 바깥쪽으로 공의 중심이 아닌 아래쪽을 밀듯이 차면 돼요.

19 프런트 발리

공이 바닥에 있을 때만 패스나 슈팅을 할 수 있는 것은 아니에요. 멀리서 날아오는 공이나 다른 선수를 맞고 튕겨 나오는 공, 또 사포 같은 기술로 높이 띄운 공을 그대로 슈팅할 수도 있어요. 이렇게 빠른 순발력으로 공중에 뜬 볼이 땅에 닿기 전에 차는 기술을 '발리'라고 해요. 프런트 발리는 여러 발리 기술 가운데 가장 쉬운 기술이랍니다.

1 발리를 할 때는 발등으로 공을 받아야 하기 때문에, 공이 오는 정면에 자리를 잡아야 해요.

2 공이 다가오면 무릎을 들고, 다리와 발이 1자가 되도록 발목을 쭉 펴요.

발등으로 공의 중심을 차요.

3 공을 차는 타이밍이 조금 늦었을 때는 딛는 발의 위치를 공이 떨어지는 쪽으로 가깝게 옮겨서 타이밍을 맞추면 돼요.

발리 연습

친구와 함께 발리 연습을 해 보아요.

친구와 3m 정도 떨어진 다음,
공을 두 손으로 잡고 있다가
떨어뜨리면서 발리 패스로
공을 보내요.

이때 공을 높이 띄우고 싶다면, 발등으로 공의 맨 아래쪽을 차면 돼요.

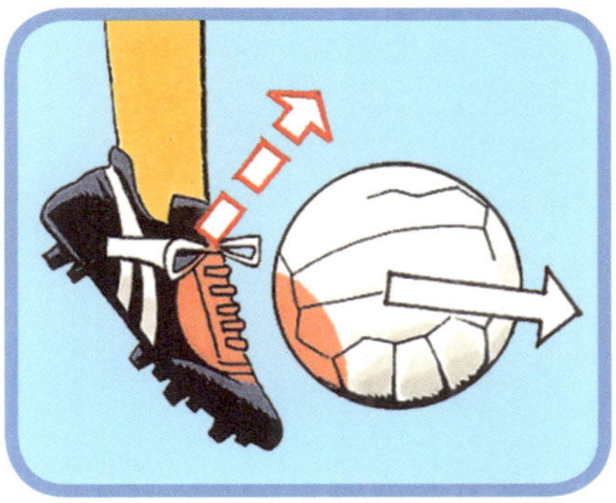

반대로 공이 너무 높이 뜨지 않게 하려면, 공이 닿았을 때 발을 살짝 들어주면 돼요.

20 사이드 발리

사이드 발리를 하려면 순발력이 좋아야 할 뿐만 아니라 발 컨트롤이 매우 정교해야 해요. 그리고 한쪽 다리로 중심을 잘 잡을 수 있어야 한답니다.

① 옆으로 공을 찰 수 있도록, 몸을 공이 오는 반대편으로 기울이면서 한쪽 다리로 중심을 잡고 공을 찰 다리를 뒤로 들어 올려요.

② 공이 다가오면 인스텝(발등)으로 공을 정확히 차요. 공의 중심보다 윗부분을 차야 공이 뜨지 않아요.

③ 몸의 반대쪽까지 다리가 쭉 따라 나오도록 끝까지 휘둘러요.

사이드 발리 동작 연습

옆으로 차는 동작이 어려울 때는 엉덩이 높이 정도까지 오는 콘을 세워 놓고 그 윗부분을 발로 차는 연습을 해 보아요. 더욱 실감나게 공을 그 위에 올려놓고 차 보는 것도 좋아요.

트리오 발리 게임

옆으로 차는 동작이 익숙해지면, 친구들과 직접 패스 게임을 하면서 사이드 발리를 연습해 보아요. 3명의 친구가 함께 하는 게임이에요.

1. A가 B에게 공을 던져주면, B는 C에게 사이드 발리로 패스를 해요. C는 두 손으로 공을 잡아서 그대로 A에게 던져줘요.
2. 그러면 또 A가 사이드 발리로 B에게 패스하고, B는 공을 잡아서 C에게 던져줘요.
3. 이런 식으로 돌아가면서 각자 10번씩 사이드 발리 패스를 할 기회를 가지고, 패스를 정확히 성공할 때마다 1점씩 얻어요.
4. 게임이 끝난 뒤 가장 많은 점수를 모은 사람이 승리하게 돼요.

21 슈팅

점수를 내기 위해서 골대 쪽으로 공을 차는 기술을 '슈팅'이라고 해요. 우리 팀이 득점할 기회를 최대한 높이려면 상대 팀의 가장 허술한 부분을 노려야 해요. 또 골키퍼와의 대결에서 승리할 수 있는 방법을 찾아야 하지요.

그래서 골문 앞에서
슈팅을 할 때는 골키퍼와 먼
골포스트 안쪽을 겨냥해서
차는 것이 좋아요. 그리고 낮게
날아오는 공이 막기 어렵기 때문에,
항상 낮게 슛을 하려고
노력하세요.

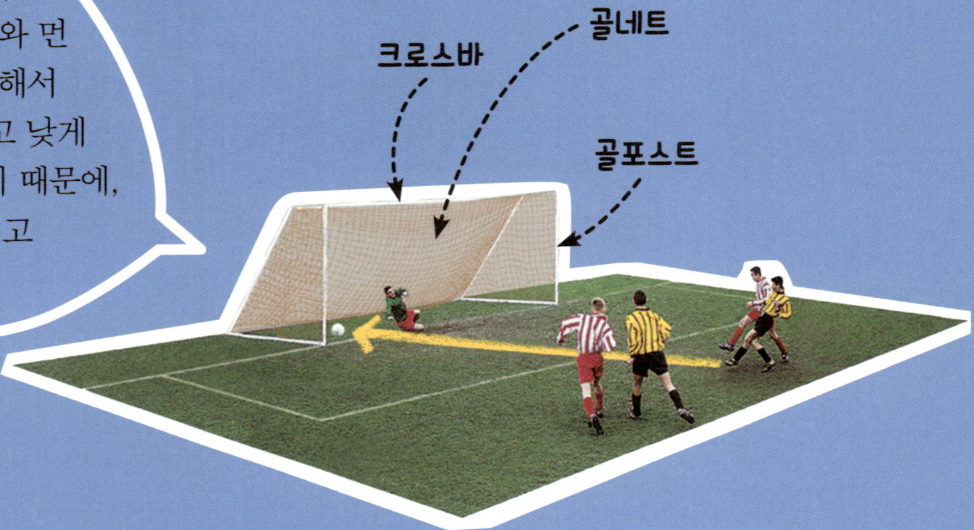

힘보다는 정확도가 중요해요.
화려하지는 않아도 침착하게 골문을
정확히 겨냥해서 차는 공이 크로스바를 훌쩍
넘어가는 공보다 훨씬 낫거든요.
또 슈팅을 한 다음에는 가만히 서 있지 말고,
곧장 공의 움직임을 따라서 달려야 해요.
만약 공이 골키퍼나 골대를 맞고 튕겨져 나오면,
재빨리 다시 공을 잡아서 득점할 기회를
한 번 더 만들어야 하니까요.

슈팅 게임

슈팅은 벽의 한 지점을 정확히 맞추는 방법으로도 연습할 수 있지만, 움직이는 골키퍼를 상대로 연습하는 것이 훨씬 더 효과적이에요. 5명의 친구가 함께 게임을 하며 연습해 보아요.

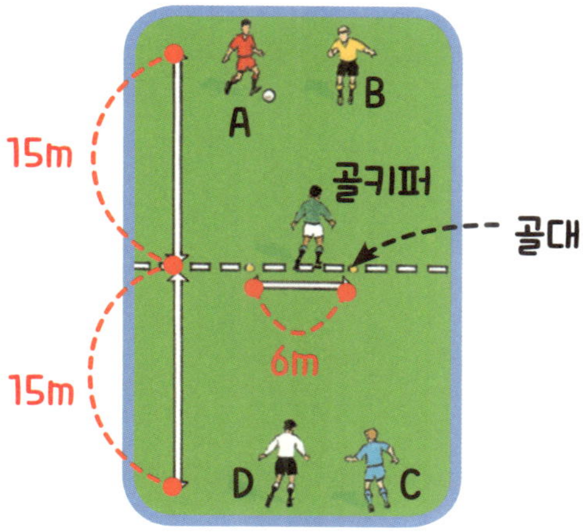

① 콘 2개를 6m 너비로 세워서 골대를 만들어요. 그림처럼 한 명은 골대 앞에 서서 골키퍼 역할을 하고, 남은 4명은 골대에서 15m 떨어진 거리에 2명씩 자리를 잡아요.

② 먼저 A가 B에게 공을 패스하면, B는 골대를 향해 슈팅을 해요. A는 패스를 하자마자 바로 수비수로 역할을 바꿔서 B의 슈팅을 막아요. 그리고 골이 들어가든 들어가지 않든 한 차례 슈팅이 끝나면 공은 반대편으로 넘어가요.

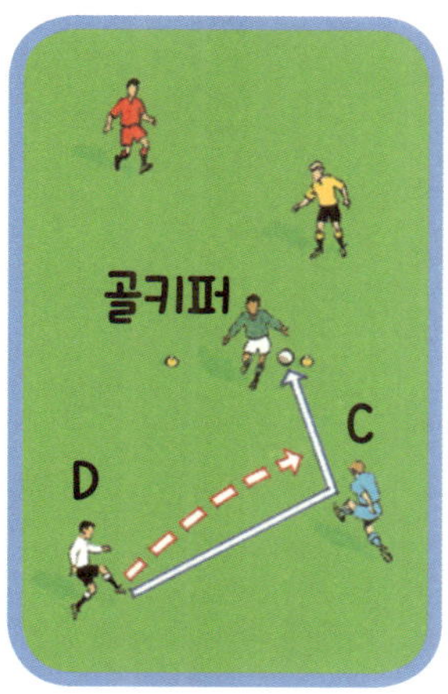

③ 똑같이 D도 C에게 공을 패스한 다음 C를 마크하러 움직이고, C는 골대를 향해 슈팅을 해요.

④ 이렇게 양쪽의 슈팅이 모두 끝나면, 그림처럼 시계방향으로 돌면서 역할을 바꿔요. (A→B→골키퍼→C→D→A) 그리고 5명이 모두 10번의 슈팅 기회를 가진 다음, 가장 많은 골을 기록한 사람이 승리하게 돼요.

22 헤딩슛

축구에서는 발이 아닌 머리로도 패스를 하거나 골을 넣을 수 있어요. 이렇게 머리를 쓰는 기술을 '헤딩'이라고 하는데, 헤딩하는 방법에 따라서 여러 종류가 있어요.

- 서서 허리의 반동을 이용하는 '스탠딩 헤딩'
- 머리를 뒤로 젖히면서 공을 뒤로 보내는 '백 헤딩'
- 다이빙하면서 하는 '다이빙 헤딩'
- 점프해서 하는 '점프 헤딩'
- 코너에서 날아오는 공을 머리만 살짝 돌려서 방향을 바꾸는 '플리킹'

그중 낮게 날아오는 공을 처리할 수 있는 방법은 다이빙 헤딩밖에 없어요.

① 공이 날아오면 헤딩에 힘을 더하기 위해서 앞으로 뛰어 들어요.

② 눈을 감지 않고 끝까지 공을 지켜보면서, 이마로 공을 받아서 골문 앞으로 날아가게 만들어요.

③ 팔을 사용해서 몸의 충격을 줄이고, 재빨리 일어나서 다시 경기에 참여해요.

POINT

헤딩을 할 때는 머리 윗부분이 아니라 이마를 이용해야 해요.

다이빙 헤딩 게임

다이빙 헤딩은 친구 3명이 함께 게임을 하며 연습해요.

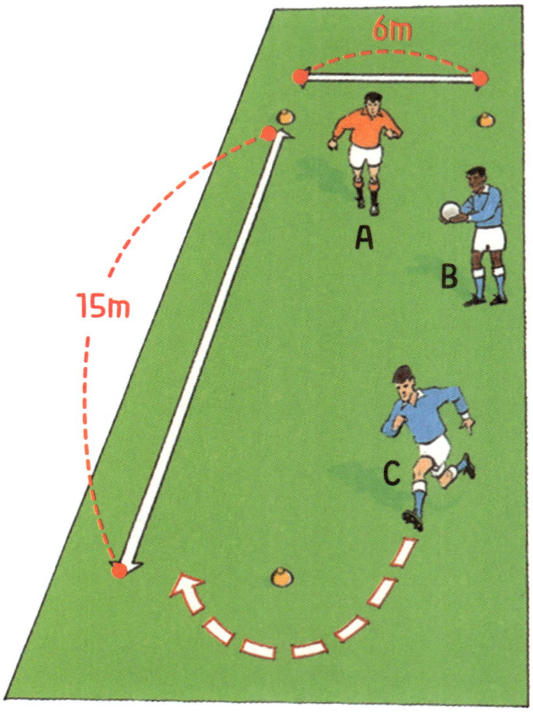

1. 먼저 콘 2개로 6m 너비의 골대를 만들고, 골대에서 15m 떨어진 지점에 콘 1개를 놓아서 전환점을 만들어요.
2. 3명의 역할을 골키퍼(A), 패스하는 사람(B), 공격수(C)로 나누어요.
3. 그림처럼 B는 골대에서 2m쯤 떨어져서 서고, C는 B 옆에서 출발해서 전환점을 돌아 골대 앞으로 빠르게 뛰어와요.

4. B는 C가 골문 앞에 다다르면 두 손으로 공을 던져주고, C는 앞으로 뛰어들면서 힘껏 다이빙 헤딩을 해요.
5. 이렇게 10번을 반복하고 나면 돌아가면서 역할을 바꿔서, 셋 모두 10번의 공격 기회를 가져요. 그런 다음 가장 많은 골을 넣은 사람이 승리하게 돼요.

23 골키퍼 제치기

슈팅을 하기 위해 골문으로 다가가면, 골키퍼가 공격수의 슈팅 각도를 좁히기 위해서 골대 앞쪽으로 나오는 경우가 있어요. 이때 만약 어느 쪽으로 차든 골키퍼에게 전부 막힐 것 같다는 생각이 든다면, 무리하게 슛을 하지 말고 드리블로 골키퍼를 제쳐 보아요.

슛을 할 것처럼
페인팅 동작을 해서
골키퍼가 공을 막으러
뛰어들게 만들어요.

골키퍼가 슛을
막기 위해 몸을 낮추거나
무게 중심이 한쪽으로 기울면,
드리블로 골키퍼를 제치고
침착하게 골문을 노려서
슈팅을 해요.

공을 높이 띄워서 골키퍼 제치기

슛을 막기 위해 골대를 비우고 앞으로 나온 골키퍼를 제치는 또 다른 방법은 골키퍼가 펄쩍 뛰어도 쳐내지 못할 만큼 공을 높이 띄워서 골대 안으로 떨어트리는 거예요. 이렇게 높게 차 올리면 골키퍼가 정확한 타이밍에 맞춰 점프를 한다고 해도 쉽게 막아낼 수 없답니다.

POINT

공을 위로 높게 띄우기 위해서는 그림처럼 공의 아랫부분을 날카롭게 찍어 차야 해요.

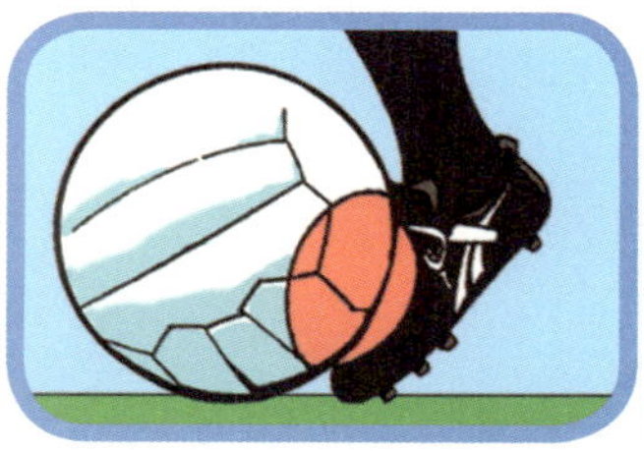

24 칩슛

공을 매우 순간적으로 공중에 툭 띄우는 슈팅 기술을 '칩슛' 또는 '찍어차기'라고 해요. 칩슛은 상대 선수의 키를 살짝 넘겨서 골로 연결시키는 기술이기 때문에, 특히 골문을 비우고 1:1 수비를 하러 나온 골키퍼를 상대하기에 아주 좋은 기술이랍니다.

1 옆쪽에서 칩슛을 성공시키기는 거의 불가능해요. 공을 정면으로 보고, 짧게 찍어 차기 위해 공을 찰 다리를 살짝 뒤로 들어요.

2 공의 아랫부분을 조준해서 날카롭게 찍듯이 차요.

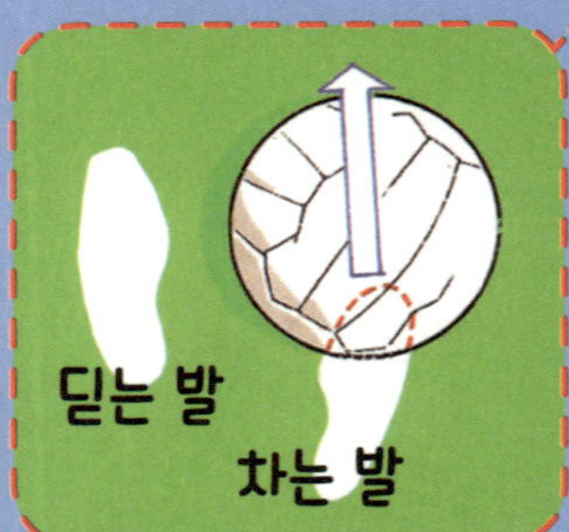

3 공을 차면서 바닥을 차기 때문에, 다른 슈팅처럼 발이 쭉 따라 나가지 않아요.

칩슛 연습

칩슛은 공이 정면으로 올 때가 가장 쉬워요. 그러니까 이번에는 공이 정면에서 오는 상황을 만들어서 칩슛의 기본 기술을 연습해 보아요.

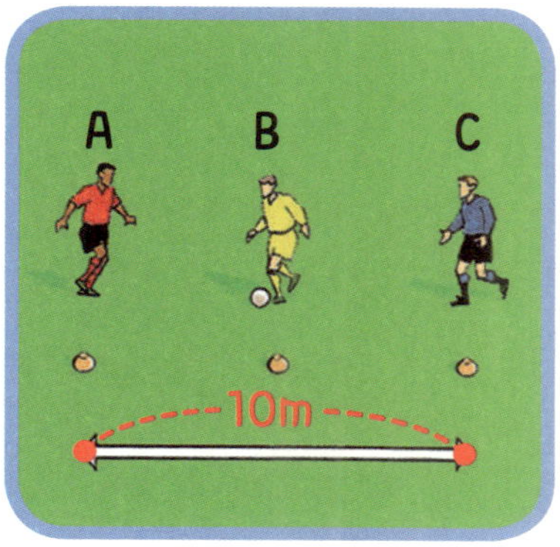

1 10m 거리 안에 콘 3개를 같은 간격으로 떨어트려 놓고, 그림처럼 각각의 콘마다 A, B, C가 순서대로 자리를 잡아요.

2 먼저 B가 공을 잡고 C에게 그라운드 패스를 해요. 그러면 C는 칩샷으로 B의 키를 살짝 넘겨서 A에게 공을 보내요. 공을 받은 A는 B에게 그라운드 패스로 공을 넘겨줘요.

3 이번에는 B가 A에게 패스를 해주고, A는 공을 받아서 칩샷으로 C에게 패스를 해요. C는 공을 받으면 그라운드 패스로 B에게 넘겨주고, 이런 식으로 반복해서 연습을 이어가요.

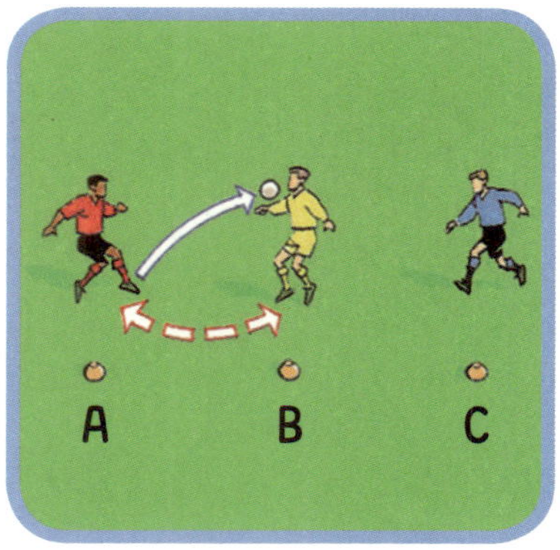

4 그런데 만약 A나 C가 칩샷을 실패하면, 실패한 사람은 B와 자리를 바꿔요.

25 오버헤드 킥

오버헤드 킥은 골문을 등진 상태에서, 몸을 뒤로 눕혀서 공중에 붕 뜬 상태로 공을 머리 뒤로 넘겨 차는 기술이에요. 다리가 마치 누워서 자전거를 타는 것처럼 되기 때문에 '바이시클 킥'이라고도 하지요. 어려워 보이지만, 상대의 방심을 틈타 갑작스러운 공격으로 골을 만들어낼 수 있는 기술이랍니다.

1. 공을 차지 않는 발을 들어 올리면서 뒤로 눕듯이 몸을 기울여요.

2. 공을 차는 발로 땅을 박차고 힘껏 뛰어오르면서 몸을 완전히 뒤로 눕혀요. 날아오는 공에서 끝까지 눈을 떼면 안 돼요.

3. 공을 차는 다리를 번쩍 들어서 인스텝으로 공을 찬 다음, 양팔을 뻗어서 떨어지는 속도를 줄이고 어깨로 구르면서 착지해요.

오버헤드 킥 연습

오버헤드 킥을 처음 연습할 때는 다칠 위험이 있기 때문에 부드러운 잔디나 푹신한 매트 위에서 연습하는 것이 좋아요. 먼저 킥을 연습하기 전에, 공중에서 떨어질 때 안전하게 착지하는 방법을 연습해요. 그리고 착지가 익숙해지면 친구와 함께 점프하는 방법과 타이밍을 연습해요.

1. 친구와 5m 정도 떨어져서 등지고 서요.
2. 킥을 연습할 수 있도록 친구가 공을 던져주면, 뒤로 눕듯이 뛰어오르면서 공을 차요. 정확한 타이밍에 차는 것이 오버헤드 킥을 성공하는 데 가장 중요한 포인트예요.

POINT

만약 공이 측면에서 날아오면 '시저스 킥'을 사용해 보아요. 시저스킥은 공중에 뜬 채로 몸을 옆으로 눕히고 슛을 하는 기술이랍니다.

3장

디펜딩
Defending

26 쟈킹

수비수들이 미처 자리를 잡기 전에 공을 가진 상대 공격수가 빠르게 위험 지역(골문 근처)으로 들어오면 실점할 위험이 높아져요. 이때 쟈킹으로 상대 공격수의 앞을 막아보아요. 몸으로 부딪치거나 태클을 하지 않고도, 상대의 기습 공격을 효과적으로 막아낼 수 있답니다.

1. 상대 선수가 공격을 시도할 것 같으면, 바로 그 앞을 막아서 공격을 끊어요. 이때 너무 빨리 접근하면 상대가 움직임을 예측하고 쉽게 피해 갈 수 있어요.
2. 공을 침착하게 바라보면서, 무릎에 힘을 주고 중심을 낮춰서 상대의 움직임을 놓치지 않고 따라가요.
3. 팔을 뻗으면 상대를 잡을 수 있을 정도의 거리를 유지해요. 멀어지면 놓치기 쉽고, 너무 가까이 붙으면 상대 선수가 빙글 돌아서 쉽게 빠져나갈 수 있거든요.

쟈킹으로 압박하기

쟈킹으로 상대 선수를 묶어두는 동시에 그 선수가 자신이 약한 방향으로 움직일 수밖에 없도록 압박하는 방법도 있어요. 이를 위해서는 먼저 상대 선수가 약한 방향이 어느 쪽인지를 알아내야 해요. 참고로 상대가 오른발로 드리블이나 킥을 하는 오른발잡이 선수라면, 그 선수가 상대적으로 약한 부분은 왼쪽일 거예요.

1. 노란 옷을 입은 수비수는 상대 선수가 오른발잡이인 것을 확인하고, 쟈킹으로 상대의 오른쪽을 막아요. 공격수는 오른쪽보다 왼쪽이 약한 편이지만 어쩔 수 없이 왼쪽으로 빠져나가려고 하고, 결국 실수를 하게 되지요.

2. 또 공격수가 사이드라인을 따라 드리블을 할 때는 반대쪽을 막고 공격수를 라인 가까이로 몰아요. 그러면 공격수는 강제로 사이드라인 밖으로 밀려나서 공격 기회를 놓치게 돼요.

3. 이렇게 쟈킹으로 상대 선수를 압박하면서 공격권을 빼앗을 기회를 잡아 보아요.

27 블록 태클

'태클'은 상대방의 빠른 공격을 끊거나, 공을 뺏어서 역습하기 위해 사용하는 기술이에요. 태클에는 쭉 미끄러져 들어가면서 긴 다리로 공을 쳐내는 '슬라이딩 태클', 서서 수비를 하다가 발로 공을 빼내는 '스탠딩 태클', 정면에서 상대 선수에게 달려들어서 공을 뺏는 '블록 태클'이 있어요. 태클을 할 때 상대방의 발을 건드리지 않고 깔끔하게 공만 빼내기 위해서는 빠른 판단력과 과감함, 그리고 정확한 기술이 필요해요.

1. 태클을 할 때는 상대 선수가 아니라 공을 봐야 해요. 공이 아니라 상대 선수를 보다가는 상대의 페인팅 동작에 깜빡 속을 수 있어요.
2. 몸의 중심을 앞쪽에 실은 뒤, 몸 전체를 사용해서 태클을 시도해요.
3. 태클을 거는 발의 안쪽 부분으로 공의 한가운데를 차요.

옆에서 하는 블록 태클

블록 태클은 상대 선수를 정면에서 압박하면서 공을 뺏는 기술이지만, 사진처럼 옆쪽에서 시도할 수도 있어요. 하지만 상대 선수의 뒤에서 하면 파울이 되기 때문에 절대로 하면 안 돼요.

힘이 다리에 제대로 실리도록 몸 전체가 상대방 쪽을 향하게 해요. 발의 옆면으로 공을 쳐내고, 상대 선수 쪽으로 몸을 기울이되 밀거나 부딪치면 안 돼요.

블록 태클 게임

친구와 함께 게임을 하면서 블록 태클을 연습해요.

1. 먼저 10m 거리의 양끝에 콘을 하나씩 세우고, 두 선수가 각각 콘 옆에 서요. 이제 한 선수는 공격수가 되고, 다른 한 선수는 수비수가 돼요.
2. 공격수는 드리블을 이용해서 공을 뺏기지 않고 반대쪽 끝까지 도착해야 하고, 수비수는 블록 태클을 이용해서 공격수의 공을 빼앗아야 해요. 누구든 목표를 이루면 점수를 얻어요.
3. 서로 역할을 바꿔서 5~10번씩 공격의 기회를 갖고, 더 많은 점수를 얻은 사람이 승리하게 돼요.

28 슬라이딩 태클

상대방이 가진 공을 향해 긴 다리로 쭉 미끄러져 들어가는 슬라이딩 태클은 최후의 방어수단이에요. 이 기술을 잘못 사용했다가는 공을 빼앗기는커녕 상대를 다치게 하고 파울만 받을 수 있기 때문이지요. 그래서 프로 선수들도 정말 급한 위기 상황에만 사용하는 기술이랍니다.

1. 슬라이딩 태클을 하려면 상대 선수의 옆쪽에서 접근해야 해요.
2. 눈으로 공을 보면서, 태클 할 다리를 앞으로 쭉 뻗어서 공을 최대한 멀리 쳐내요. 정확한 타이밍에 맞춰서 침착하게 태클을 해야, 파울 없이 깔끔하게 성공시킬 수 있어요.
3. 태클을 한 뒤에는 재빨리 일어나서 다시 경기에 참여해요.

POINT

- 상대 선수로부터 먼 다리를 이용해서 태클을 하는 것이 더 쉬워요.
- 만약 슬라이딩 태클로 공을 차내면서 상대 선수를 건드리지 않았다면, 상대 선수가 미끄러져 있는 수비수를 피하기 위해 점프를 해야 하는 상황에서도 공격 방해(진로 방해)로 인정되지 않아요.

슬라이딩 태클 게임

친구와 함께 게임을 하면서 슬라이딩 태클을 연습해요.

1. 2개의 콘을 5m 간격으로 떨어트려서 세운 다음, 한 명씩 콘 옆에 자리를 잡아요.
2. 콘 옆에 공을 가까이 붙여 놓아요. 먼저 A가 뛰어오면서 슬라이딩 태클로 공을 멀리 보내요.
3. 그러면 B는 공을 받아서 자신의 콘 옆에 놓고, 똑같이 슬라이딩 태클을 해요.
4. 이때 콘을 건드리지 않고 태클에 성공하면 1점을 얻어요. 이 과정을 10번 정도 반복하고, 점수를 많이 얻은 사람이 승리하게 돼요.

POINT

슬라이딩 태클을 처음 배울 때는
상대방을 다치게 할 위험이 있기 때문에,
'콘'을 상대 선수라고 생각하고 연습하는 게 좋아요.

29 인터셉트

상대 선수의 공을 뺏는 가장 확실한 방법은 태클을 하는 것이지만, 태클이 늘 최고의 방법이 되는 것은 아니에요. 공을 중간에 인터셉트할 수 있다면 곧장 드리블이나 패스, 슈팅 같은 다음 동작으로 연결할 수 있거든요.

1. 인터셉트할 때는 항상 골대를 등지고 접근해야 해요. 그리고 상대의 정면(직진 화살표 방향)이 아니라 옆으로 접근해요.
2. 단숨에 가까이 붙으려고 하면 상대 선수가 눈치를 채고 피할 수 있어요. 그러니까 살짝 거리를 두고 수비해요.
3. 침착하게 인터셉트할 수 있을 때를 기다리면서 기회를 노려요. 공격수는 압박을 당하면 수비수에게서 벗어나려고 노력하다가 실수를 하게 돼요.

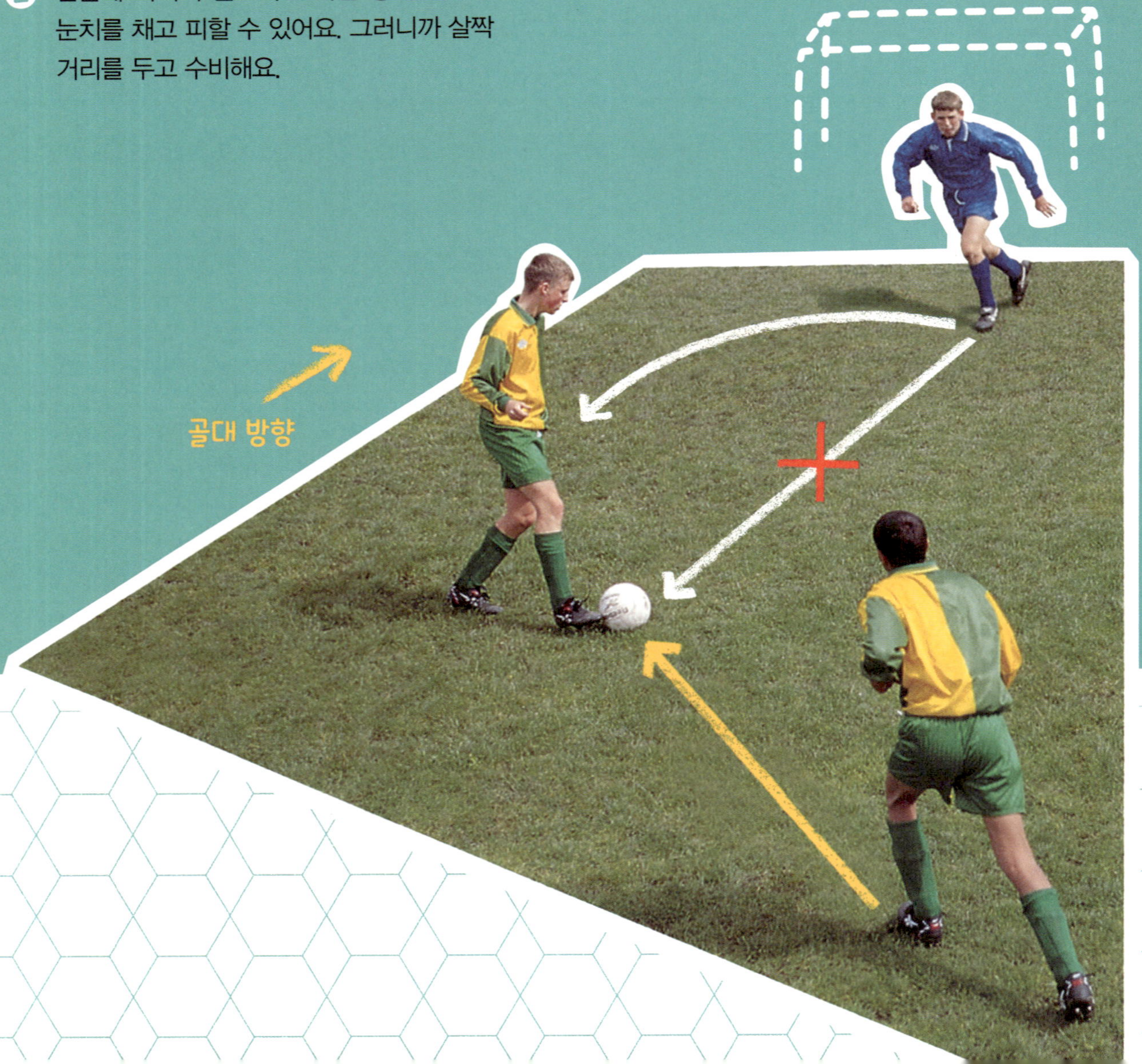

인터셉트 게임

게임을 통해서 인터셉트를 할 때 필요한 민첩성과 스피드를 발달시킬 수 있어요.

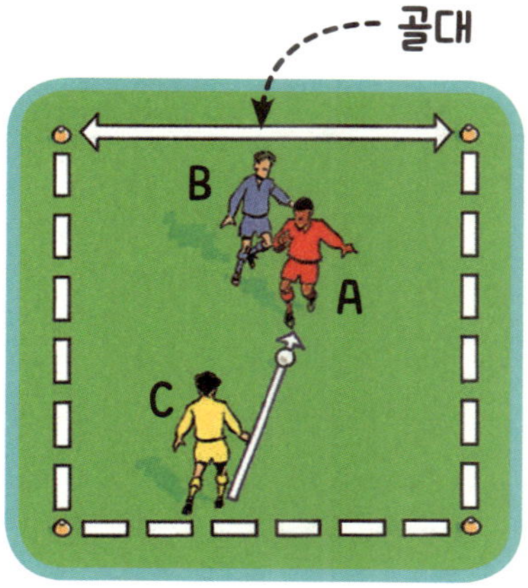

1. 콘 4개로 가로세로 10m의 정사각형을 만들고, 한쪽 면을 골대로 정해요. A는 가운데에, B는 A의 뒤쪽에 서고, C는 한쪽 가장자리에서 A에게 공을 패스하자마자 1부터 10까지 세요. 이때 B는 이 공을 바로 인터셉트할지, 기다렸다가 골대 앞에서 막을지를 판단해요.

2. 만약 B가 인터셉트에 성공한다면 1점을 얻고, A에게 다시 공을 뺏기기 전에 C에게 패스해야 해요.

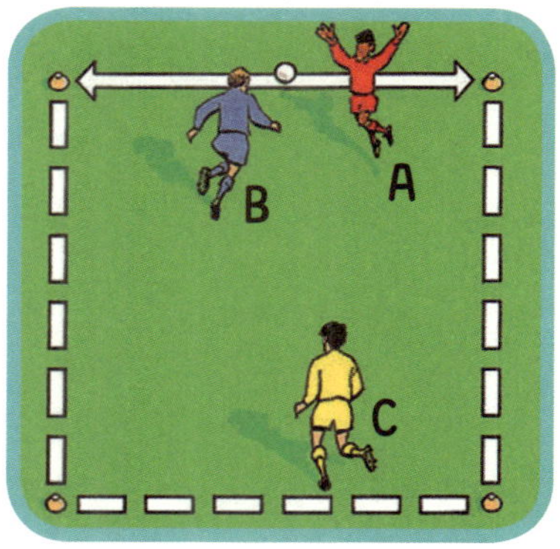

3. 만약 골대 근처에서 막기로 결정했다면, B는 C가 10까지 세는 동안 A가 골문 앞으로 가지 못하도록 막아야 해요. A를 막는 데 성공하면 1점을 얻어요.

4. 하지만 A가 B에게 공을 뺏기지 않고 골대까지 가는 데 성공하면, 반대로 A가 1점을 얻어요. 이런 식으로 5번 반복한 다음, 역할을 바꿔가며 5번씩 반복해요. 가장 많은 점수를 얻은 선수가 승리하게 돼요.

30 헤딩으로 공중볼 수비하기

페널티 에어리어는 바로 골대 앞이기 때문에, 골을 넣으려는 공격수와 그것을 막으려는 수비수들이 치열하게 부딪치는 곳이에요. 또 공중볼 다툼도 많이 일어나는 지역이지요.

페널티 에어리어에서는 수비하는 팀 선수들의 아주 작은 실수가 상대팀의 골로 이어질 수 있어요. 그래서 골키퍼를 포함한 같은 팀 친구들과 계속해서 신호를 주고받으면서, 공을 페널티 에어리어 밖으로 확실하게 걷어내야 해요.

공중볼을 처리할 때는 공이 떨어질 곳을 정확하게 예측하고, 상대팀 선수들보다 먼저 자리를 잡는 것이 중요해요. 그리고 높이 뛰어올라서 헤딩으로 공을 멀리 쳐내요.

헤딩 기술 연습

공중볼을 페널티 에어리어 밖으로 안전하게 걷어내려면 빠른 순발력과 용기, 그리고 적극적인 자세가 필요해요.

1. 공중볼이 뜨면 상대팀 선수들보다 먼저 공이 떨어질 위치에 자리를 잡고, 한쪽 다리로 힘껏 뛰어오르면서 등을 활처럼 휘어요.
2. 상대팀 선수들이 공을 터치할 수 없도록 이마로 공의 아랫부분을 받아서 높이 띄워요. 헤딩을 할 때는 반드시 입을 꽉 다물고, 눈을 크게 떠야 해요.
3. 공을 보내고 싶은 방향이 있다면, 공을 튕길 때 머리를 돌려서 공의 방향을 조정해요.

POINT

페널티 에어리어에서 수비팀 선수가 반칙을 하게 되면 공격팀에게 페널티킥이 주어져요. 페널티킥은 골문으로부터 11m 떨어진 페널티 마크 위에 공을 멈춰놓고, 키커가 골키퍼와 1:1 상황에서 공을 차는 거예요. 골키퍼와 단둘이 승부하는 것이라서 골이 들어갈 확률이 높기 때문에, 페널티 에어리어에서는 상대팀 선수를 밀거나 다치게 하지 않도록 조심해야 해요.

31 수비벽 만들기

경기 중에 페널티 에어리어 바깥에서 반칙이 일어나면, 심판은 상대팀 선수에게 반칙이 일어난 그 위치에서 누구의 방해도 받지 않고 자유롭게 공을 찰 수 있는 '프리킥'을 줘요. 이때 골대와 거리가 가까우면 곧장 슈팅을 할 수 있기 때문에, 수비팀 선수들은 골키퍼의 시야를 방해하지 않으면서 골대를 가능한 많이 가릴 수 있는 수비벽을 만들어야 해요.

1. 프리킥을 차는 선수(키커)와 9.15m 이상 떨어진 곳에 수비벽을 세워요.
2. 선수들 사이에 틈이 생기지 않도록 다닥다닥 붙어 서야 해요.
3. 머리를 보호하기 위해서 턱을 아래로 내리고, 손으로 다리 사이를 가려요.

키가 가장 큰 선수가
골키퍼가 위치한 곳의
반대쪽 가장자리에 서야 해요.
그리고 고개를 들지 말고,
턱을 목에 붙인 상태로
눈만 치켜떠서 봐야 해요.

프리킥 위치가 정면일 때

프리킥 위치가 정면일 때는 골키퍼가 공을 볼 수 있도록 시야를 가리지 않는 곳에 수비벽을 만들어요. 그리고 벽이 되지 않는 선수들은 키커를 뺀 나머지 공격팀 선수들을 1:1로 수비해요. 벽을 만든 선수들은 공이 날아올 때까지 단단히 서 있다가, 공이 수비벽을 지나가거나 수비벽에 막혀서 튕기면 공을 차지하기 위해 재빨리 흩어져요.

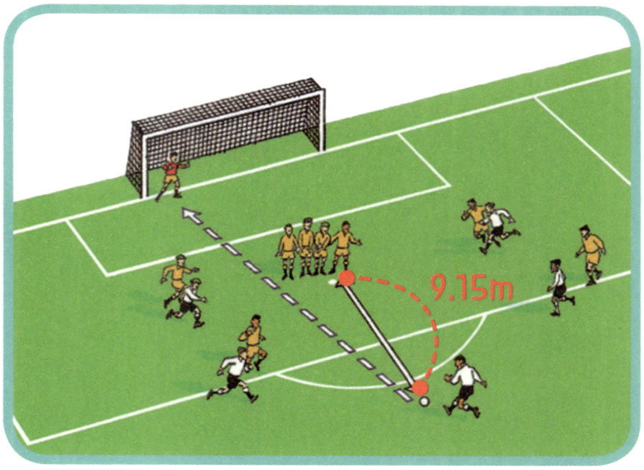

프리킥 위치가 측면일 때

측면은 정면보다 골대와의 거리가 멀기 때문에, 대부분 골대를 향해 바로 슛을 날리기보다 골대와 가까운 동료에게 크로스해서 공격하는 방법을 선택해요. 그래서 이런 상황에서는 2명이나 3명의 선수만 벽을 만들고, 나머지 선수들은 모두 공격팀 선수들을 수비해요.

32 커뮤니케이션

경기를 매끄럽게 풀어가려면 팀 친구들과 계속해서 이야기를 주고받아야 해요. 그렇지 않으면 수비가 뒤죽박죽이 되거나 자꾸만 패스가 끊기고 공격이 실패하게 되거든요. 다음에 소개하는 내용들처럼, 상황에 따라 이야기를 통해서 공격과 수비를 매끄럽게 이어가도록 해 보아요.

1 공을 가지고 있는 친구에게 상대 선수가 접근할 때 "뒤에 마크!", "뒤!" 이런 식으로 외쳐서 알려줘요. 어느 방향에서 접근하는지도 알려주면 더욱 도움이 될 거예요.

2 같은 팀 친구가 공을 가지고 있거나 받을 때는 "아무도 없어!", "천천히!" 등으로 주위에 아무도 없으니 방향을 틀거나 침착하게 움직여도 된다는 것을 알려줘요.

3 패스되는 공을 받을 때 같은 팀 선수들과 겹치지 않도록 "여기!", "내 거!" 등으로 소리쳐서 자신이 받겠다는 것을 알려요.

4 상대팀의 공격을 빨리 끊어야 할 때, 같은 팀 친구들에게 "밖으로 내보내!", "걷어내!" 라고 외쳐서 상대 공격수를 터치라인 밖으로 내몰거나 공을 멀리 걷어내라고 해요.

커뮤니케이션 게임

간단한 패스 게임을 통해서 경기 중에 같은 팀 친구들과 자연스럽게 소통하는 기술을 익혀 보아요. 이번 게임은 7명이 함께 해요.

1. 콘으로 10×20m 크기의 직사각형 공간을 표시해요.
2. 7명 중 2명은 수비팀, 5명은 공격팀이 돼요. 공격팀 선수는 각각 1부터 5까지 번호를 갖게 되는데 1은 2, 2는 3, 3은 4, 4는 5, 5는 1에게만 패스할 수 있어요. 이렇게 5가 공을 뺏기지 않고 1에게 넘겨주는 데 성공하면 1점을 얻어요.
3. 반대로 수비팀이 공격팀의 패스를 가로채면 1점을 얻어요.
4. 단 공격팀 선수들은 공을 받으면 3번의 터치 안에 다음 선수에게 공을 넘겨야 해요.(예: 트래핑→드리블→패스, 드리블→턴→패스) 그러니까 수비팀의 압박이 심해지면 다음 선수에게 바로 공을 넘기거나, 공을 가지지 않은 공격수들이 스크린 등으로 수비수를 방해해서 패스가 이어지게 해야 해요.
5. 공격팀과 수비팀 선수들은 "뒤에 마크!", "여기!" 등으로 소리를 쳐서 상대 선수와 같은 팀 친구들의 위치를 알려요.
6. 한 쪽이 먼저 3점을 얻게 되면, 공격팀과 수비팀 선수들을 모두 섞어서 새로 팀을 나누고 게임을 다시 시작해요.

4장

데드볼 스킬
Dead ball skills

33 킥오프

전반전과 후반전이 시작될 때나 어느 한 팀이 득점을 한 뒤에 다시 경기가 시작될 때는 반드시 경기장의 한가운데에 있는 센터 마크에 공을 놓고 차야 해요. 이렇게 경기를 시작하기 위해서 차는 첫 번째 킥을 '킥오프'라고 한답니다. 키커는 주심의 휘슬 소리에 맞춰서 공을 차는데, 반드시 공이 하프라인을 완전히 넘어가게 차야 해요. 그리고 상대팀 선수에게 공을 뺏기지 않고 안전하게 킥오프를 하기 위해서, 센터 서클 안에 서 있는 같은 팀 친구에게 짧게 패스해서 경기를 시작해요.

POINT

- 다른 선수가 공을 건드리기 전에 키커가 다시 공을 터치하면 그 자리에서 상대팀에게 간접 프리킥이 주어지니까 조심해야 해요.
- 만약 패스 대신 강력한 슈팅을 날려서 공이 골대에 들어가면 득점으로 인정이 된답니다.

킥오프 때 위치 선정하기

킥오프를 할 때, 공을 짧게 패스하지 않고 최대한 멀리 차서 상대팀 진영 깊숙이 빠르게 침투할 수도 있어요. 이렇게 공을 멀리 차기로 미리 약속했다면, 키커를 뺀 나머지 선수들은 뿔뿔이 흩어지지 말고 한 곳에 모여 있어야 해요. 상대팀 선수들보다 많은 수가 모여 있어야 공을 차지할 확률이 높아지거든요. 그리고 키커는 팀 선수들이 많은 곳에 공을 정확히 보내 줘야 해요.

만약 상대팀 선수들이 작전을 알아채고 위치를 옮기면, 키커는 마지막 순간에 상대팀 선수들이 모여든 반대쪽으로 공을 보내요.

34 드롭 볼

드롭 볼은 선수가 부상을 당하거나 축구 규칙에 따로 정해지지 않은 이유로 경기를 잠깐 멈췄다가 다시 시작할 때 사용하는 방법 중 하나예요. 양쪽 팀 모두 공을 차지할 기회를 공평하게 가질 수 있는 방법이랍니다.

1. 각 팀에서 한 명씩 주심 앞으로 나와서 마주보고 서요.
2. 주심은 2명의 선수 사이에 공을 떨어트려요.
3. 공이 떨어지는 중간에는 절대로 터치할 수 없고, 땅에 닿자마자 발을 이용해서 공을 자기 것으로 만들어야 해요.

POINT

만약 상대팀이 공을 가지고 있을 때 부상으로 게임이 중단되면, 심판이 공평하게 공을 차지할 기회를 준다고 해도 일부러 상대팀에게 공을 넘겨주는 것이 훌륭한 스포츠맨십이에요.

드롭 볼 차지하기

드롭 볼을 차지하기 위한 1:1 승부에서 승리하려면 빠른 판단력, 한순간도 공에서 눈을 떼지 않는 강한 집중력이 필요해요.

① 드롭 볼을 차지하는 가장 간단한 방법은 발 안쪽 부분으로 공을 툭 건드려서, 같은 팀 친구에게 인사이드 패스를 보내는 거예요.

② 만약 상대방이 인사이드 패스를 막을 것 같다고 생각되면, 발 바깥쪽을 사용해서 공을 반대 방향으로 보내요.

③ 또는 상대방의 다리 사이로 공을 툭 찬 다음, 상대방을 쏜살같이 제치고 공을 차지하는 방법도 있어요.

35 스로인

경기를 하다 보면 공이 선수의 발이나 몸에 맞고 터치라인 밖으로 나갈 때가 있어요. 이럴 때는 공을 내보낸 상대팀 선수가 공을 경기장 안으로 던져 넣는 '스로인'으로 경기가 다시 시작돼요. 스로인을 할 때는 몇 가지 규칙이 있어요.

1. 터치라인 위나 밖에서 그라운드 안쪽을 향해 던져요.
2. 두 손으로 공을 잡고, 머리 뒤쪽에서 앞으로 던져요. 손을 쫙 펴서 공의 옆면과 뒷면을 감싸듯이 잡고 던져야 정확하게 보낼 수 있어요.
3. 이때 두 손이 필드 안쪽으로 들어가면 안 되고, 두 발이 모두 땅에 붙어 있어야 해요.

POINT

스로인은 킥오프와 다르게 공을 상대팀의 골대에 바로 던져서 넣는다고 해도 득점으로 인정되지 않아요.

스로인 연습

스로인을 할 때는 우리 팀 선수에게 공을 정확히 던져줄 수 있어야 해요. 그렇지 않으면 상대팀 선수에게 공을 빼앗길 수 있으니까요. 친구와 함께 연습을 통해서, 정확하게 스로인 하는 방법을 몸에 익혀 보아요.

1. 친구와 10m 정도 떨어져서 마주보고 서서, 스로인으로 패스를 주고받아요.
2. 친구가 공을 받아서 패스나 드리블 같은 다음 동작으로 이어가기 쉽도록 친구의 발 앞에 정확히 던지는 연습을 해요.

3. 스로인이 익숙해지면 발이 아니라 머리, 가슴, 허벅지 부분으로도 공을 받을 수 있게 던져 보아요.

36 롱 스로인

터치라인 바깥에서 공을 길게 던지는 것을 '롱 스로인', 짧게 던지는 것을 '숏 스로인'이라고 해요. 롱 스로인을 잘하는 방법은 다음과 같아요.

① 공을 머리 위로 들고 빠른 걸음으로 터치라인 쪽에 다가가요.

② 터치라인 바로 앞에서 크게 한쪽 발을 내디디면서 공을 머리 뒤로 완전히 넘겨요.

공이 멀리 날아갈 수 있도록 등을 활처럼 휘게 해요.

③ 크게 내디딘 발에 무게 중심을 싣고 뒤로 넘겼던 상체를 앞으로 쭉 펴면서, 몸의 반동을 이용해서 공을 던져요.

따라오는 발이 땅에서 떨어지지 않도록 주의해요.

던지기 반칙

스로인 하는 방법을 정확히 지키지 않으면 심판이 '던지기 반칙'을 선언하고, 상대팀에게 스로인 기회를 넘겨줘요. 아래 사진을 보면서 조심해야 할 규칙들을 다시 한 번 기억해 보아요.

×

터치라인을 밟는 것은 괜찮지만, 아예 넘어가면 안 돼요.

×

한 발이라도 땅에서 떨어지면 안 돼요.

×

이마 앞에서 공을 던지면 안 돼요. 머리 뒤로 공을 완전히 넘겼다가 앞으로 던져야 해요.

37 코너킥 감아차기

공격하는 팀이 상대팀 진영에서 공격을 하던 중에 공이 상대 선수의 몸에 맞고 골라인 바깥으로 나가면, 공격팀은 '코너킥'을 얻게 돼요. 코너킥은 수비팀의 코너 아크에 공을 올려놓고 골문 쪽으로 공을 차올리는 것을 말해요. 골문 앞에 있는 같은 팀 공격수에게 득점 찬스를 만들어주거나 직접 득점으로 연결할 수 있기 때문에, 아주 중요한 공격 기술이지요. 그래서 코너킥을 할 때는 골대를 향해 휘어지도록 감아차면 더욱 유리하게 공격할 수 있어요.

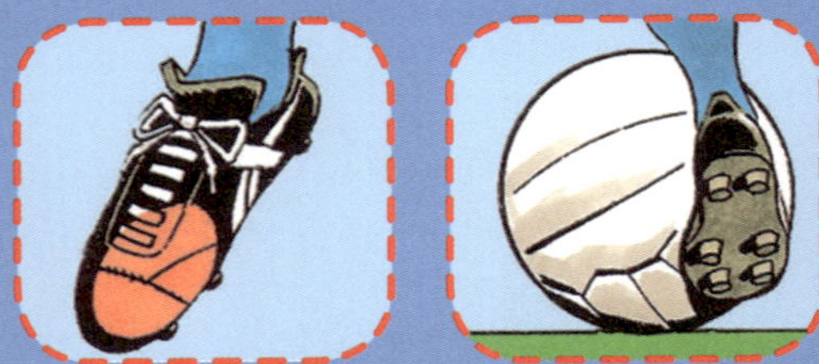

엄지발가락이 있는 부분으로, 공의 중심을 비껴 차요.

비스듬한 각도에서 접근해서, 몸을 뒤로 눕히면서 공을 차요. 공의 중심을 벗어난 부분을 차면, 공이 날아가면서 휘어지게 된답니다. 공은 땅을 딛는 발 옆에 놓여야 해요.

오른발잡이와 왼발잡이의 코너킥

코너킥을 할 때 발의 안쪽 부분으로 감아차면 오른발잡이는 공이 오른쪽에서 왼쪽으로, 왼발잡이는 공이 왼쪽에서 오른쪽으로 휘어지게 돼요. 그래서 전술에 따라 코너킥을 차는 선수를 선택할 수 있답니다.

공이 오른발잡이 키커에게 알맞게 놓아져 있어요. 오른발잡이 키커가 감아차면 공이 바깥쪽에서 안쪽으로 휘어져요.

공이 왼발잡이 키커에게 알맞게 놓아져 있어요. 왼발잡이 키커가 감아차면 공이 안쪽에서 바깥쪽으로 휘어져요.

POINT

- 코너 아크에서 공을 향해 달려가거나 킥을 할 때, 깃발에 방해를 받지 않고 찰 수 있도록 연습해 보아요.
- 코너킥을 찬 선수가 다른 선수가 공을 터치하기 전에 다시 건드리면 상대팀에게 간접 프리킥이 주어져요.

38 드리블 코너킥

코너킥을 할 때 감아차기를 하면, 공이 곡선으로 휘어지면서 날아가서 시간이 오래 걸려요. 그래서 수비수들이 얼른 자리를 잡고 공격을 방해할 수 있지요. 하지만 직선으로 강하게 차면 골문까지 공을 빠르게 보낼 수 있어서, 수비수가 자리를 잡기 전에 빠르게 공격할 수 있어요.

1 공을 차러 달려갈 때, 땅을 딛는 발이 공의 옆에 위치하게 해요.

2 차는 발의 무릎이 공 위에 가게 하고, 발가락이 아래로 향하도록 발목을 쭉 펴서 공의 중심을 차요.

3 공이 페널티 에어리어까지 강하게 날아가도록 차는 다리가 끝까지 따라 나가야 해요. 그러면 공이 살짝 떠오르면서 직선으로 쭉 날아갈 거예요.

코너킥 길이에 따라 전술 세우기

드리븐 코너킥으로 골문 가까이에 있거나 페널티 에어리어에 있는 같은 팀 친구에게 공을 보내서 득점 찬스를 만들 수 있어요. 아래 그림을 통해 드리븐 코너킥을 길게 찰 때와 짧게 찰 때의 전술을 살펴 보아요.

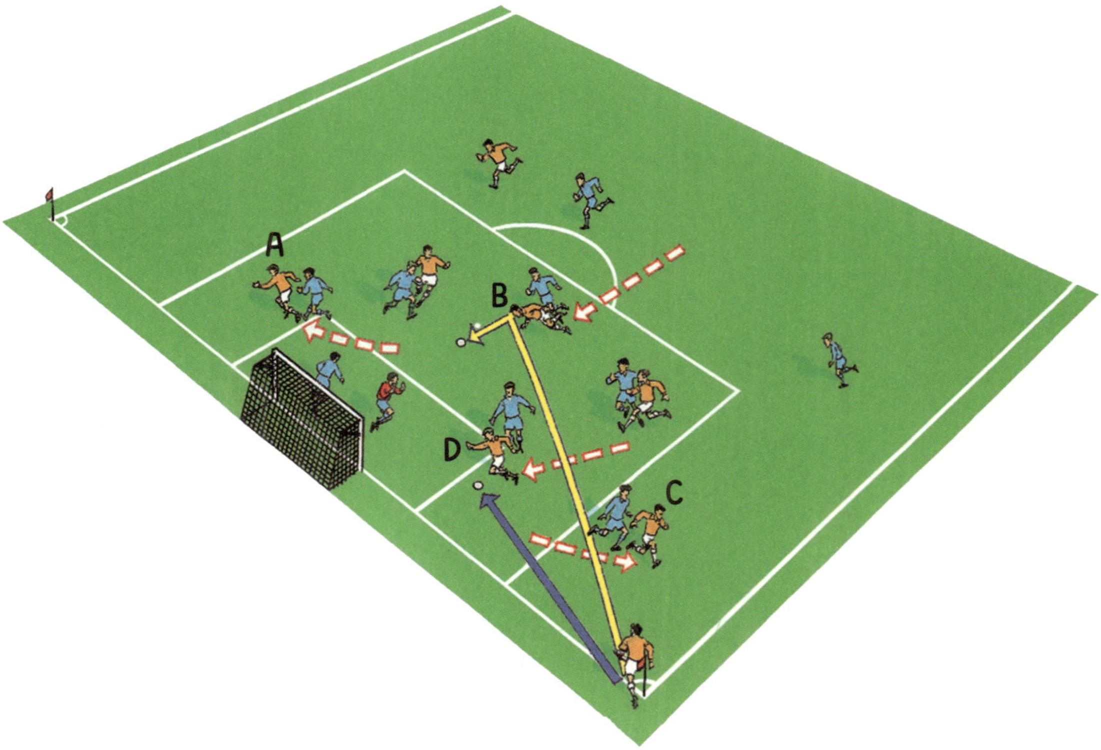

1. 키커는 먼저 코너킥을 길게 찰지, 짧게 찰지 정한 다음, 같은 팀 친구들에게 신호를 보내서 작전을 알려줘요. 코너킥 상황에서 주고받을 사인은 미리 정하고 연습해 놓아야 해요.
2. 드리븐 크로스는 낮게 날아오기 때문에, 공을 받을 선수들은 허리 높이의 발리슛이나 다이빙 헤딩으로 골을 넣을 준비를 하고 있어야 해요.
3. 노란색 화살표처럼 긴 크로스일 때는 골대 앞에 있던 A가 수비수를 따돌리는 미끼 역할을 해서, 페널티 에어리어 가운데에 있는 B에게 골을 넣을 공간을 만들어 줘요.
4. 파란색 화살표처럼 짧은 크로스일 때는 C가 공을 받으러 가는 것처럼 바깥쪽으로 움직여서, 골문 앞으로 뛰어 들어가는 D에게 공간을 만들어 줘요.

39 프리킥 감아차기

경기를 하다가 페널티 에어리어 밖에서 반칙이 일어나면, 심판은 그 위치에서 '프리킥'을 선언해요. 그러면 반칙을 한 팀은 프리킥이 골로 연결되는 것을 막기 위해서, 높고 촘촘한 수비벽을 세우지요. 그래서 이 벽을 넘어 득점에 성공하려면, 공이 수비벽 옆으로 휘어져 들어가도록 킥을 해야 해요.

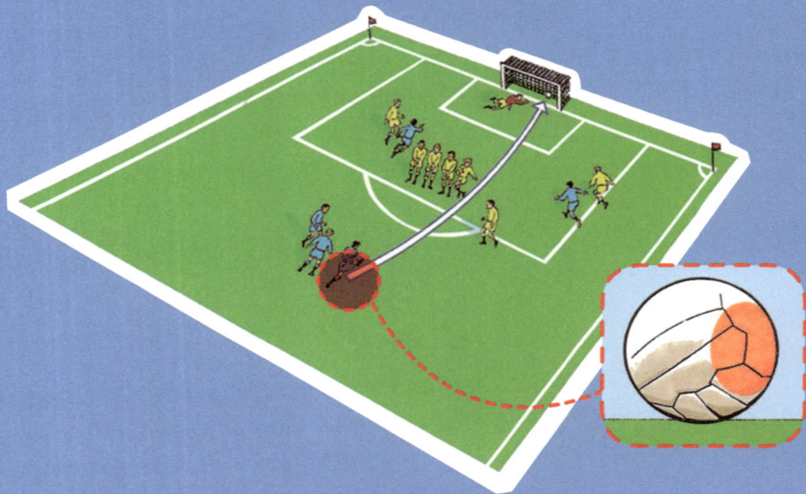

그림처럼 오른발잡이 선수가 수비벽 오른쪽으로 휘어서 들어가게 프리킥을 차려면, 발 안쪽을 이용해서 공의 빨간색 부분을 차야 해요.

반대로 오른발잡이 선수가 수비벽 왼쪽으로 휘어서 들어가게 프리킥을 차려면, 발의 바깥쪽을 이용해서 공의 빨간색 부분을 차야 해요.

프리킥 감아차기 연습

프리킥 감아차기를 연습해 보아요.

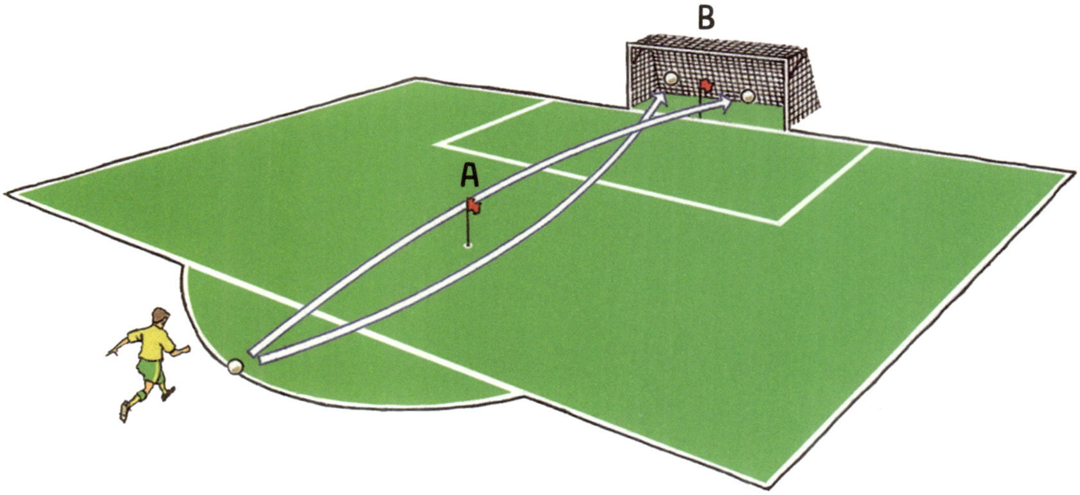

1. 먼저 2개의 깃발을 준비해서 하나는 골대 앞에, 하나는 페널티 지점에 일직선으로 놓아요. 공도 깃발과 일직선이 되도록 페널티 아크에 놓으세요.
2. 공이 A 깃발의 오른쪽을 지나 골대 앞에 놓인 B 깃발의 왼쪽으로 휘어지도록 감아차기를 해 보아요. 반대로 A 깃발의 왼쪽을 지나 B 깃발의 오른쪽으로 휘어지게도 해 보아요.
3. 감아차기가 익숙해지면, 공을 골대와 더 멀리 떨어트려 놓고 휘어지는 각도가 더 커지도록 연습해 보세요.

POINT

- 프리킥에는 2가지 종류가 있어요.
  - 직접 프리킥 : 키커가 찬 공이 곧바로 골로 이어져도 돼요.
  - 간접 프리킥 : 키커가 찬 공을 반드시 다른 선수가 터치한 다음 골대에 넣어야 골로 인정돼요. 만약 키커가 찬 공이 바로 골대로 들어가면 '골킥'이 선언돼요.
- 프리킥을 찰 때는 칩샷처럼 공의 아래쪽을 차면 안 돼요. 그러면 공이 골대 위로 훌쩍 넘어가버릴 거예요.
- 킥을 할 때, 차는 발의 발가락이 아래쪽을 향하게 유지해요.

40 프리킥 전술

프리킥으로 공격을 할 때, 눈에 뻔히 보이는 정직한 승부로 골을 넣기는 쉽지 않아요. 그래서 프리킥에도 전술이 필요하답니다.

백패스 스위치

1. 상대팀을 속이기 위해서 A가 앞쪽의 B에게 공을 패스할 것처럼 B의 방향으로 뛰어가요.
2. 그러다 순간적으로 뒤쪽에 있는 C에게 백패스를 해요.
3. 그러면 C가 뛰어들면서 기습적으로 골대를 향해 슈팅을 해요.

발바닥으로 공을 굴려서 뒤쪽에 있던 친구에게 슈팅 찬스를 만들어주는 방식이에요.

더미 크로스오버

1 직접 프리킥 상황일 때, 누가 진짜 키커인지 헷갈리도록 2명의 선수가 프리킥 준비를 해요. 그러다 둘이 동시에 슈팅을 할 것처럼 앞으로 뛰어나와요.

2 그중 한 명이 공 위를 그냥 지나쳐요.

3 곧바로 다른 한 명이 골대를 향해 강하게 슛을 날려요. 앞서 스쳐지나간 선수가 수비팀 선수들을 깜빡 속일 뿐 아니라 슈팅하는 순간을 가려주는 역할을 해서 골이 들어갈 확률이 높아져요.

41 페널티킥

골키퍼와 1:1로 승부하는 페널티킥 상황에서는 절대로 망설이거나 멈칫하면 안 돼요. 빠른 판단력으로 어디로 찰지 정한 다음, 그곳으로 강한 땅볼을 차기 위해 집중하세요.

양팔을 이용해서 균형을 잡아요. 힘을 최대한 실어서 강하게 차려면, 발이 끝까지 쭉 따라 나가야 해요.

공의 한가운데를 차서 공이 낮게 날아가게 해요.

페널티킥 연습

페널티킥을 할 때는 공을 차는 키커가 직접 페널티 마크에 공을 놓아야 해요. 그래야 공이 평평한 땅에 제대로 놓였는지 알 수 있거든요.

1. 강한 땅볼을 차기 위해서는 공을 찰 때 몸을 뒤로 눕히기보다 공의 위쪽에 오도록 살짝 숙여야 해요.

2. 공을 찰 때 땅을 딛는 발을 바로 옆에 놓고, 차는 다리의 무릎이 공 위로 오게 만들어야 해요.

3. 발목을 쭉 펴서 다리와 발등을 1자로 만들고, 인스텝(발등)으로 공을 강하게 차요.

4. 때로는 발 안쪽을 이용해서, 힘은 약하지만 정확하게 슈팅하는 것이 좋을 때도 있어요.

42 심판의 신호

큰 경기에서는 응원 소리가 너무 시끄러워서 심판의 경고나 알림을 제대로 듣기 어려울 때가 많아요. 그래서 심판은 몇 가지 동작을 이용해서 선수들에게 신호를 보내요.

핸드볼 파울

손이나 팔을 이용해서 고의적으로 공을 터치했을 때

키킹 파울

선수가 상대방을 고의적으로 찼을 때

푸싱 파울

선수가 상대방을 고의로 밀었을 때

던지기 반칙 (파울 스로)

스로인 규칙을 어겼을 때

POINT

심판의 판정에 불만이 생겨도 심판에게 맞서는 것은 좋지 않아요. 그런 행동은 팀에도 전혀 도움이 안 될 뿐만 아니라 옐로 카드를 받을 수도 있거든요. 심판은 시합 전체를 관장하는 사람이라는 것을 잊지 마세요.

트리핑 파울

선수가 상대방에게 고의로 발을 걸어 넘어트렸을 때

계속 진행

시합을 중지하지 않고 계속 진행할 것을 이야기할 때

간접 프리킥

반칙이 일어나서 간접 프리킥을 선언할 때

10야드(약 9.15m) 물러나기

프리킥 상황에서 수비팀 선수들에게 10야드(약 9.15m) 뒤로 물러나라고 지시할 때

5장

골키핑
Goalkeeping

43 골키퍼의 기본자세

골키퍼는 그라운드 위에 선 11명의 선수들 가운데 골문을 지키는 마지막 수비수이자, 페널티 에어리어에서 유일하게 손을 사용할 수 있는 선수예요. 그래서 골키퍼만의 다른 기술이 필요하지요. 골키퍼는 기습적으로 날아오는 공을 막아내야 하기 때문에, 항상 어느 방향으로든 빠르게 움직일 수 있는 자세를 잡고 있어야 해요. 사진 속 모습이 골키퍼들이 사용하는 기본자세랍니다.

공 잡기 연습

가슴이나 머리 높이로 날아오는 공을 잡을 때는 양손을 'W' 모양으로 만들어서 잡는 것이 가장 좋아요.

손가락을 위로 향하게 하고, 그림처럼 양손의 엄지손가락과 손바닥으로 W 모양을 만들어요. 그리고 잠깐이라도 한눈을 팔면 공을 놓칠 수도 있기 때문에, 눈으로 계속 공을 지켜보아야 해요.

1. 그림처럼 콘 3개를 2m 간격으로 떨어트려서 지그재그로 놓아요.
2. 한 명은 공격수, 한 명은 골키퍼 역할을 맡아요.
3. 공격수가 골키퍼의 가슴이나 머리 높이로 공을 차주면, 골키퍼는 100쪽에서 소개한 골키퍼의 기본자세를 유지한 채로 콘을 지그재그로 통과해서 공을 잡아요.

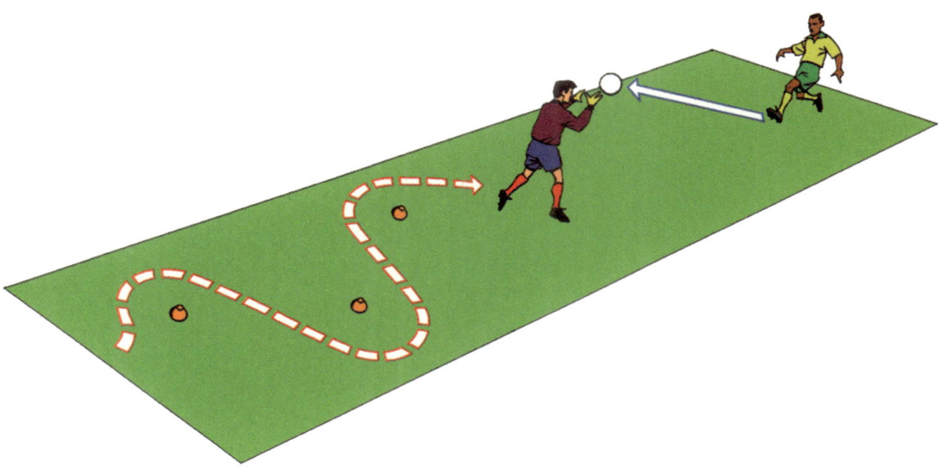

44 슈팅 막기

'스쿠핑' 또는 '크래들링'이라고 부르는 이 동작은 공이 앞쪽에서 허리나 배 높이로 날아올 때 가장 안정적으로 받을 수 있는 방법이에요.

① 공이 날아오면 몸을 살짝 숙인 채로 손을 아래로 뻗어서, 공이 몸 쪽으로 들어올 수 있게 길을 만들어요.

② 공이 몸에 닿으면 손으로 공을 감싸 안듯이 몸 쪽으로 끌어당겨요. 몸이 쿠션 역할을 해서 강한 슛의 충격을 줄여줘요.

POINT

조금 높게 날아오는 공은 살짝 점프를 해서 공과 양팔의 높이를 맞춰요.

배리어 포지션

몸을 벽으로 사용하는 '배리어(벽) 포지션'은 낮고 강한 슛이나 땅볼 슛을 막기에 가장 좋은 방법이에요. 하지만 반드시 공의 위치가 눈으로 정확히 확인되었을 때에만 사용해야 한답니다.

그림처럼 무릎 한 쪽을 땅에 대고, 반대쪽 다리로 벽을 만들어요. 그리고 손바닥으로 무릎과 발 사이의 공간을 가려서 공이 빠져나가는 것을 막아요.

벤딩 스쿠프

천천히 굴러오는 땅볼은 벤딩 스쿠프를 사용해서 잡을 수도 있어요. 슛이 다가오면 두발을 가까이 붙인 다음, 윗몸을 숙이고 두 손으로 공을 감싸 안듯이 들어 올려요.

POINT

평평하지 않은 그라운드에서 벤딩 스쿠프를 사용하는 것은 위험해요. 공의 방향이 갑자기 바뀌어서 공을 놓칠 수도 있거든요. 그래서 시합 중에는 배리어 포지션으로 공을 잡는 것이 안전해요.

45 컬랩싱 세이브

골키퍼가 공을 막는 것을 '세이브'라고 해요. 낮게 날아오는 공을 재빨리 잡아야 할 때는 무릎을 땅에 대고 넘어지면서 잡는 컬랩싱 세이브가 가장 좋은 방법이에요. 날아오는 공을 향해 재빨리 몸을 날려서 잡아 보아요.

① 공이 오는 방향으로 몸을 날려서 두 손으로 공을 잡아요. 공이 빠르게 날아오기 때문에 타이밍을 잘 맞춰야 해요.

② 한 손으로 공을 감싸 안고 다른 한 손으로 위를 눌러요. 공을 감싼 손과 몸통이 공이 뒤로 빠져나가는 것을 막아줘요.

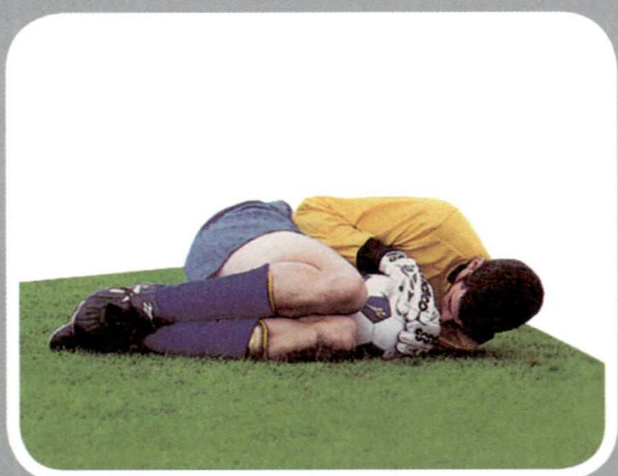

③ 공이 멈추면 다른 선수에게 빼앗기지 않도록 공을 꼭 끌어안고 몸을 웅크려요.

컬랩싱 세이브 연습

많은 골키퍼들이 몸을 날려서 넘어지는 것을 어려워해요. 그래서 꾸준히 반복해서 연습해야 해요.

1. 먼저 2개의 콘으로 4m 너비의 골대를 만들어요.
2. 골대로부터 3m, 6m 떨어진 곳에 골대와 같은 너비로 콘을 2개씩 놓아서 슈팅 라인을 표시해요.
3. 친구가 3m나 6m 라인에 서서 골대를 향해 낮게 슛을 하면, 컬랩싱 세이브로 공을 막아요.

공보다 너무 빨리 넘어지거나 늦게 넘어지면 안 돼요. 타이밍을 정확히 맞추는 것이 중요해요.

46 다이빙 세이브

골대를 향해 공이 기습적으로 날아오면, 골키퍼는 공이 골문 안으로 들어가지 못하도록 몸을 던져서 공을 막아내요. 이것을 '다이빙 세이브'라고 한답니다. 두 팔을 쭉 뻗어서 공을 성공적으로 잡아내기 위해서는 정확한 점프와 안전하게 착지할 수 있는 기술이 꼭 필요해요.

1. 다이빙하기 전에 몸의 중심을 공과 가까운 쪽 발로 옮겨요. 그리고 힘차게 땅을 박차고 뛰어올라요.

2. 공에서 눈을 떼지 않고 살짝 앞쪽으로 다이빙하면서 두 팔을 쭉 뻗어서 공을 막아요.

3. 착지할 때 땅에 부딪히는 충격으로 공이 손에서 빠져나가지 않도록 공을 단단히 잡아요.

다이빙 세이브 연습

다이빙 세이브를 하면 어쩔 수 없이 그라운드 바닥에 몸을 부딪치게 돼요. 그래서 처음에는 겁을 먹고 몸이 움츠러들 수밖에 없답니다. 하지만 다음 2가지 방법으로 '안전하게 잘 착지하는 법'을 연습하고 나면 다이빙 세이브를 할 때 훨씬 더 용기와 자신감이 생길 거예요.

방법 1

친구와 약간의 거리를 두고 마주 서요. 친구가 다리 사이를 향해 공을 굴려 주면, 공이 지나가버리기 전에 재빨리 몸을 방향을 틀어 넘어지면서 공을 잡아요. 넘어질 때는 긴장을 풀고 몸에 힘을 빼야 해요.

방법 2

친구가 1m 정도 떨어진 곳에서 왼쪽, 오른쪽으로 공을 던져줘요. 그러면 몸을 웅크리고 앉아 있다가 공을 잡으면서 옆으로 넘어져요. 몸이 충격을 덜 받을 수 있도록 넘어지는 연습을 해요.

47 각 좁히기

골키퍼에게는 공의 방향을 예측할 수 있는 능력과 재빨리 공이 오는 곳에 자리를 잡을 수 있는 순발력이 필요해요. 그래야 상대 공격수가 골을 넣을 수 있는 각도(공간)를 좁혀서, 공격을 막아낼 확률을 높일 수 있거든요.

① 골키퍼가 골대 가까이 서 있으면, 상대 공격수가 골대 전체를 보며 빈틈을 찾기 쉬워요.

② 그런데 골키퍼가 앞으로 나와서 공격수 앞을 막아서면, 공격수가 골대 전체를 한눈에 보기 어렵고 슈팅을 할 수 있는 각도도 좁아져요. 그래서 골을 성공시키기가 어려워지지요. 이렇게 상대 공격수가 골을 넣을 수 있는 각도를 좁히는 것을 '각을 좁힌다'라고 해요.

각 좁히기 연습

친구와 함께 하는 연습을 통해서 '각 좁히기'가 무엇인지 배워 보아요. 이번 연습에는 한 명의 골키퍼와 2명의 공격수가 필요해요.

1. 골키퍼는 골 에어리어 안에, A와 B 2명의 공격수는 각자 공을 가지고 골대에서 14m 정도 떨어진 페널티 에어리어의 양끝에 자리를 잡아요.
2. 준비를 마친 골키퍼가 "시작!"이라고 외치면 A는 공격을 시작하고, 골키퍼는 재빨리 앞으로 나와서 슈팅 각을 좁히고 슛을 막아내요.

3. 공을 막은 골키퍼는 공을 다시 A에게 보내주고, 재빨리 B쪽으로 이동해서 같은 방법으로 B의 슛을 막아요.
4. A와 B는 매번 슈팅을 할 때마다 좌우, 앞뒤로 위치를 옮겨서 골키퍼를 혼란스럽게 해요.

48 일대일 수비

공격수와의 '1:1' 상황에서는 공격수가 골대로부터 멀어지도록 압박 수비를 해야 해요. 그래야 공격수가 슈팅을 하기 어려워지고, 그 사이에 수비수가 도와주러 돌아올 수 있답니다.

① 공격수가 공을 받으러 달려오는 것이 보이면, 재빨리 골 에어리어 라인 바깥으로 달려 나와서 슈팅 각을 좁혀요.

② 공격수가 공을 잡으면 슈팅에 대비해서 자세를 낮추고 공격할 길을 차단해요.

③ 공격수가 드리블로 제치려고 하면, 상대의 움직임을 놓치지 않고 계속 압박하면서 골대와 멀어지게 해요. 이렇게 하면 공격수가 득점을 하기 매우 힘들어져요.

공격수의 발에 다이빙하기

공격수가 드리블로 제치고 빠져나가려고 하면 공격수의 발로 뛰어들어서 공을 빼앗아 보아요. 공격수가 공을 발 가까이 두고 있을 때가 아니라, 공이 공격수보다 약간 앞으로 나와 있을 때 다이빙을 해야 해요. 그런데 만약 공을 빼앗지 못하면 공격수는 쓰러져 있는 골키퍼를 재빨리 넘어서 비어 있는 골문을 향해 슛을 날릴 수 있기 때문에, 반드시 공을 빼앗을 수 있다는 확신이 들 때만 시도하는 것이 좋아요.

1. 적절한 타이밍에 공 앞으로 뛰어들면서 몸을 넓게 펼쳐서, 공과 골대 사이에 몸통이 벽 역할을 하게 해요. 그리고 손을 얼굴 앞에 놓아서 머리를 보호해요.

2. 공을 잡으면 공이 빠져나가지 못하도록 몸으로 꽉 끌어안아요.

49 크로스 잡기

실제로 경기를 하다 보면, 정말 많은 골들이 페널티 에어리어 깊숙이 날아오는 크로스로부터 만들어져요. 그래서 골키퍼는 크로스의 방향을 집중해서 살피면서, 정확한 타이밍에 뛰어올라 크로스를 한 번에 잡을 수 있어야 해요.

골키퍼를 뺀 나머지 선수들은 머리나 발만 사용할 수 있기 때문에, 상대 공격수들이 먼저 공을 차지할 수 없도록 공이 가장 높이 떠 있을 때 잡아야 해요.

한쪽 다리로 땅을 힘차게 박차고 뛰어올라서, 얼굴 앞 30cm 정도에서 공을 잡아요. 그리고 다른 선수들과 부딪칠 때 다치지 않도록, 사진처럼 한쪽 다리를 구부려서 하체를 보호해요.

또한 확실하게 공을 잡을 수 있다면, 점프할 때 "키퍼!"라고 외쳐서 같은 팀 수비수들이 공을 향해 뛰어들지 않도록 해요.

펀칭

크로스를 한 번에 잡을 수 있다면 가장 좋겠지만, 도저히 할 수 없다면 공을 잡기보다는 '펀칭'을 해서 멀리 날려버려야 해요. 이때는 공을 최대한 높이, 그리고 멀리 쳐내서 상대팀 선수에게 공이 날아가더라도 다시 골문 앞 수비를 탄탄하게 만들 수 있는 시간을 벌어야 해요.

펀칭을 할 때는 두 주먹을 모으고 공을 최대한 힘껏 쳐야 멀리 보낼 수 있어요. 만약 두 손을 다 쓰지 못할 때는 한 손을 사용해서 공을 쳐내도 돼요. 또 펀칭을 할 때도 점프를 하면서 "키퍼!"라고 외쳐야 같은 팀 수비수들과 뒤엉키는 사고를 피할 수 있어요.

50 티핑

공을 막으려고 몸을 날렸지만 공의 힘이 너무 강하거나 잡기에는 거리가 너무 멀 때는 '티핑'을 해서 공의 방향을 살짝 바꾸는 것으로도 충분해요.

티핑을 할 때는 한 손만 사용하는데,
이때 반드시 손바닥을 쫙 펴고 다섯 손가락
모두 활짝 벌려야 해요. 그래야 공에 닿을 수 있는
넓이를 최대한 넓힐 수 있거든요. 그리고 가능한
공이 크로스바를 넘어가거나 골포스트
옆으로 나가도록 쳐내야 해요.

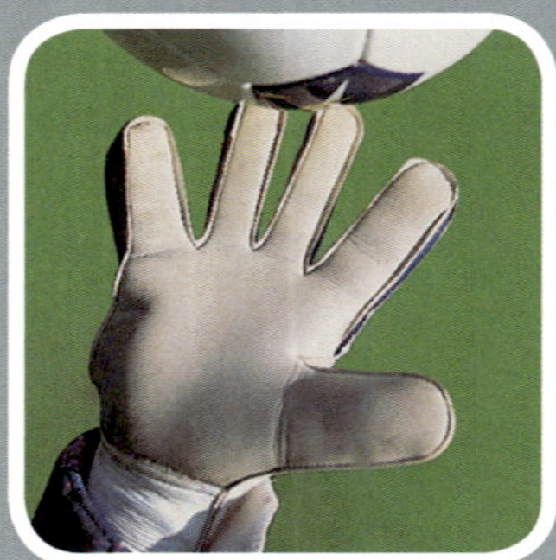

손을 활짝 펴야 손끝에라도
공이 닿을 수 있어요.

칩슛 티핑 연습

만약 골키퍼가 골대를 비우고 앞으로 나와 있다면, 공격수들은 칩슛으로 골키퍼의 키를 넘겨서 골을 넣으려고 할 거예요. 그런데 칩슛은 보통 공이 느리게 날아오기 때문에, 재빨리 움직이면 공을 크로스바 위로 넘기는 티핑 세이브를 할 수 있어요.

1. 먼저 골대 중앙에서 6m 떨어진 지점에 콘을 세워요. 그리고 한 사람은 공격수, 한 사람은 골키퍼 역할을 맡아요.
2. 공격수는 페널티 스폿으로 공을 가지고 가서 공을 던질 준비를 하고, 골키퍼는 골대 앞에 서요.
3. 골키퍼가 골대에서 달려 나와서 한 손으로 콘을 짚으면, 공격수는 마치 칩슛처럼 골대를 향해 공을 멀리 던져요.

4. 골키퍼는 몸을 옆으로 살짝 틀어서 공을 바라보면서 뒤로 재빨리 물러나요.
5. 공이 떨어질 위치에 도착하면, 높이 뛰어서 티핑으로 공을 골대 위로 쳐내요.
6. 5~10번 정도 반복한 다음 친구와 역할을 바꿔서 연습을 계속해 보아요.

50 Football Skills

This edition published in 2014 by Usborne Publishing Ltd, 83-85 Saffron Hill, London, EC1N 8RT, England.

축구 잘하는 50가지 비밀

초판 1쇄 발행 2015년 5월 14일
초판 2쇄 발행 2016년 5월 15일

지은이 길 하비, 조나단 셰이크 밀러, 리차드 덩워스, 클라이브 기퍼드, 롭 로이드 존스
사진 크리스 콜, 숀 보터릴 | **일러스트** 밥 본드 | **번역** 이성빈
감수 수지 탑 스포츠 클럽(www.top-sports.co.kr)
펴낸이 변태식 | **펴낸곳** (주)부즈펌
책임편집 김현진 | **편집** 엄한나 | **책임디자인** 김미지
마케팅책임 박승열 | **마케팅** 박병오 | **재무** 황윤정
총제작 (주)지에스테크 | **지류** 성진페이퍼

대표전화 02-564-6006 | **팩스** 02-564-8626
주소 서울시 강남구 역삼동 684-23 부즈빌딩 3층
홈페이지 http://www.voozfirm.com | **이메일** editor@voozfirm.com
등록번호 제 16-3790호 | **등록일자** 2005년 12월 8일

ISBN 979-11-86073-60-5 (73690)